AF565136

TRAUMDEUTUNG UND LUZIDES TRÄUMEN FÜR EINSTEIGER

Das große Traumbuch Traumsymbole erkennen und deuten Träume verstehen und Klarträumen lernen

Inkl. Traumtagebuch

Constantin Achtermann

1. Auflage 2020

Originale Erstauflage

Alle Rechte, insbesondere Verwertung und Vertrieb der Texte, Tabellen und Grafiken, vorbehalten.

Copyright © 2020 by Eulogia Verlags GmbH

Redaktion: Finn Alexander Dubbels

Lektorat: Matthias Kramer

Druck/Auslieferung: Amazon.com oder eine Tochtergesellschaft

Cover: Mejn - Depositphotos.com

bearbeitet von Oliviaprodesign - fiverr.com

Impressum:

Constantin Achtermann wird vertreten durch:

Eulogia Verlags GmbH

Nagelsweg 22a

20097 Hamburg

Deutschland

Wir wünschen viel Vergnügen beim Lesen!

TRAUMDEUTUNG UND LUZIDES TRÄUMEN FÜR EINSTEIGER

INHALTSVERZEICHNIS

Vorwort

„Der Traum ist der königliche Weg zu unserer Seele."

Schon Sigmund Freud erkannte die Relevanz des Träumens in Bezug auf die menschliche Psyche. Und auch heute noch basiert die moderne Traumdeutung unter anderem auf den Grundlagen Sigmund Freuds (geboren: 1856, gestorben: 1939).

Dieses Buch beleuchtet die heutige Traumdeutung unter Berücksichtigung der geschichtlichen Entwicklung von der Antike bis hin zur Moderne. Verschiedene Theorien und unterschiedliche Ansätze rücken die Deutung der menschlichen Träume in ein ganz anderes Licht und zeigen, dass sich hinter den nächtlichen Abläufen deutlich mehr verbirgt, als häufig angenommen.

Zusätzlich soll dem luziden Träumen, also dem klaren Träumen, ein besonderes Kapitel gewidmet werden. Und nun viel Spaß bei der Lektüre des Ratgebers „Traumdeutung und luzides Träumen".

Die Geschichte der Traumdeutung

Die Geschichte der Traumdeutung: von der Antike bis zur Moderne

Die Traumdeutung ist definitiv kein neues Phänomen. Schon aus den ältesten Schriftkulturen existieren Nachweise über Versuche der Deutung von Träumen. Die Ansicht in Bezug auf Sinn und Möglichkeiten des Träumens unterscheiden sich im Vergleich zu heute aber selbstverständlich signifikant. So galten beispielsweise in der Antike dämonische oder göttliche Quellen als Ursprung für den eigentlichen Traum.

Die ältesten Schriften mit Bezug zur Traumdeutung stammen nach heutigem Kenntnisstand aus den Staaten der Chaldäer, diese Schriften sind mindestens 4000 Jahre alt. Die Staaten der Chaldäer befanden sich südwestlich von Babylon und gelten als Ursprung der ältesten Schriften in babylonischer Keilschrift. Der Inhalt des dargestellten Traumes: Gilgamesch begegnet Ea

(Gott der Wassertiefe) und reicht ihm die Träume als Geschenk. Und im Reich der Assyrer galt der Traumdeuter sogar als einer der mächtigsten Männer überhaupt, sodass die Traumdeutung schon vor vielen tausend Jahren einen wichtigen Stellenwert einnahm.

Auch im Reich der Ägypter übernahm die Deutung der Träume eine wichtige Rolle. Hierbei handelte es sich um einen umfassenden Kult, die ägyptischen Traumdeuter kommunizierten direkt mit dem Pharao und gaben die Träume bzw. Weissagungen weiter. Gute Träume stammten vom Gott Horus, Seth wurde als Überbringer der schlechten Träume angesehen. Die Ansicht auf die Träume und die Funktion dieser war umfassend entwickelt, so galten diese als Vermittler zwischen der Welt und dem Jenseits. Die Bedeutung zeigt sich auch durch den Bau des Separatistentempels, denn in diesem fanden die Ägypter direkte Antworten zur Deutung der eigenen Träume. Ähnlich sieht es auch in der Zeit der Griechen aus. Hier entwickelte sich die Traumdeutung ebenfalls zum Kult, inklusive eigener Tempel für den Heilgott Asklepios.

Die Traumdeutung und die Bedeutung des Träumens an sich finden sich auch in vielen Ansichten bekannter Philosophen wieder. Beispiele gibt es in Homers „Ilias" und auch Platon beschrieb Träume als „die seherische Kraft der Seele". Die Trennung zwischen Traum und göttlichen Nachrichten griff der Philosoph Aristoteles (384 bis 322 v. Chr.) auf. Der Traum wurde von ihm als Seelenleben beschrieben, er verneinte ganz klar die Funktion als göttliche Botschaft.

Spannend ist die Betrachtung der Träume im Mittelalter. Hier unterschieden die Menschen generell zwischen zwei Arten von Träumen, dem Traum als göttliche Offenbarung und dem Traum als menschliche Begierde. Auch der Alptraum fand im Mittelalter erstmals Erwähnung: Schon damals galten gesundheitliche Probleme neben dämonischen Vorstellungen als Ursache für diese Träume.

Das Image der Hellseherei und des puren Unsinns bekamen die Träume im Zeitalter der Aufklärung. Hier waren die Menschen über viele Jahre hinweg der Auffassung, dass Träume ganz allein durch äußere Reize entstehen. Eine tiefergehende Bedeutung oder gar ein Weg zum

Unterbewusstsein wurde kategorisch ausgeschlossen. Noch heute gelten Träume und deren Deutung bei vielen Menschen als ganz einfache Hellseherei mit dem entsprechenden Aberglauben.

Die moderne Traumdeutung beginnt ab dem 20. Jahrhundert. Vor allem Sigmund Freud legte mit seinem 1899 veröffentlichten Werk „Die Traumdeutung“ den Grundstein für eine moderne Ansicht auf die Deutung der Träume. Das Ziel des Buches war der Nachweis eines psychischen und sinnvollen Bildes, als welches sich jeder Traum ansehen lassen sollte. Zwar sind viele der Ansichten Freuds heute überholt bzw. umstritten, allerdings gilt Siegmund Freud auch weiterhin als Begründer der modernen Traumdeutung. Ebenfalls eine wichtige Figur in der Traumdeutung des 20. Jahrhunderts ist der Psychologe Carl Gustav Jung (1875 bis 1961), übrigens ein Schüler Freuds. Er beschreibt den Traum als „Bild der Seele“, mit welchem unbewusste Wege aufgezeigt werden, welche sogar der Heilung der menschlichen Seele dienen können.

Im Laufe der Jahrhunderte wandelte sich das Bild der Träume deutlich. Von der zunächst klassischen Prophezeiung und der Botschaft Gottes bis hin zur Hellseherei in den ersten Jahrhunderten nach Christus bis ins Mittelalter und bis zur heutigen Selbstreflektion für die persönliche und individuelle Weiterentwicklung nahmen und nehmen die Träume unterschiedliche Rollen für sich selbst ein.

Traumdeutung im Christentum, Judentum und Islam

Zusätzlich nimmt die Deutung der Träume auch in den Weltreligionen eine sehr wichtige, aber teils unterschiedliche Rolle ein. Im Christentum, Judentum und Islam sind Träume generell von großer Bedeutung.

Träume und Traumdeutung im Christentum

Im Christentum spielen Träume durchweg eine wichtige Rolle. Bereits in der Bibel sind zahlreiche Träume vermerkt und genannt. Diese dienen meistens der Überbringung der Botschaften Gottes, beispielsweise die Aufforderung zur Flucht nach Ägypten an Josef und Maria. Aber auch abseits der Bibel finden sich heute noch vielfältige Hinweise und Berichte über Träume, die in direktem Zusammenhang mit dem Christentum stehen. Ein Beispiel ist der Kaiser Konstantin, der vor rund 1700 Jahren vor der Entscheidungsschlacht im römischen Reich einen Traum hatte, nach welchem er mit einem besonderen Kreuz siegen sollte. Er ließ dieses Zeichen auf den Schildern seiner Soldaten anbringen und konnte die Schlacht für sich entscheiden.

Träume und Traumdeutung im Judentum

Im Judentum gilt heute immer noch die Ansicht, dass Träume nicht nur ein Erlebnis im Geist oder im Kopf darstellen. Auch für das Erhalten von Nachrichten und Botschaften sind nach Ansicht des Judentums die Träume verantwortlich. Entsprechend umfangreich sind Berichte rund um Träume und Erlebnisse der Gläubigen. So beispielsweise im ersten Buch Moses, in welchem direkt mehrere Träume zu finden sind.

Vor allem aber auch die Deutung der Träume ist im Judentum sehr wichtig. Denn hier gilt die Ansicht, dass für die Entschlüsselung der überbrachten Nachrichten eine Deutung der Träume erfolgen muss. Nur so lassen sich die Botschaften oder die Hinweise auf Ereignisse in der Zukunft sicher erkennen. Die Bedeutung der Träume lässt sich bereits an der Klassifizierung dieser erkennen, hier erfolgt eine Einteilung in vier Klassen. Und weiterhin gilt, dass ein erlebter Traum lediglich einer Person erzählt werden sollte, der eine Deutung zu den Gunsten des Träumers vollzieht. Der Grund: Laut Talmud wird der Traum entsprechend der ersten Deutung wahr.

Träume und Traumdeutung im Islam

Der Glaube an eine große Bedeutung der Träume und deren eigentliche Inhalte spielen im Islam eine wichtige Rolle. Auch hier finden sich Hinweise auf die Bedeutung des Träumens bereits im Koran, in welchem der Prophet Yusuf von Allah die Macht zur Traumdeutung erhalten hat. Und auch heute gilt im Islam weiterhin, dass nur Auserwählte die Macht zur Traumdeutung von Allah erhalten können. Dennoch beruht die eigentliche Traumdeutung auf Logik und Vernunft, basierend auf dem Instinkt der Person. Sowohl positive wie auch negative Träume können laut der Deutung im Islam auftreten, allerdings spielt auch hier die Weitererzählung eine sehr wichtige Rolle. Ähnlich wie im Judentum sollte auch hier nur ausgewählten und wenigen Personen der Traum erzählt werden, da die (vor allem negativen) Auswirkungen nach dem Glauben des Islams durch vermehrtes Erzählen deutlich erhöht werden. Zusätzlich werden im Islam unterschiedliche Arten der Träume unterschieden. Keine Bedeutung im Bereich der Traumdeutung nehmen beispielsweise die verwirrenden und „gestörten" Träume ein, diese gelten als Resultat alltäglichen Stresses. Prophetische Träume und der Traum von sich selbst bilden die weiteren Klassen für die Einteilung der Träume im Islam.

Die moderne Traumdeutung nach Sigmund Freud und Carl Gustav Jung

Die heutige Traumdeutung basiert zum größten Teil auf den Forschungen und Theorien Sigmund Freuds und Carl Gustav Jungs. Am 4. November 1899 veröffentlichte Sigmund Freud sein Buch „Die Traumdeutung“ mit dem grundlegenden Zusammenhang zwischen Träumen und der persönlichen Lebensgeschichte. In insgesamt sieben Kapiteln beschäftigt sich Freud mit dem Thema „Träumen“ und der entsprechenden Deutung dieser Träume. Das Buch „Die Traumdeutung“ gehört zu den meistgelesenen und einflussreichsten Büchern im 20. Jahrhundert.

Siegmund Freud beschreibt für den Sinn eines jeden Traumes die Wunscherfüllung. Verdrängte, manifestierte Wünsche aus den unterschiedlichen Episoden des Lebens zeigen sich in den Träumen. Laut Freud werden diese Wünsche allerdings nicht direkt und offen im Traum kommuniziert, sondern verschlüsselt dargestellt. Auf diesen Annahmen basiert auch das Zitat „Der Traum ist der königliche Weg zu unserer Seele“.

Das Werk Siegmund Freuds weist auch heute noch einen sehr großen Einfluss auf die Bereiche der Psychologie, der Literatur und natürlich auch der Philosophie auf.

Auch die Theorien zur Traumdeutung des Psychiaters Carl Gustav Jung tragen heute noch einen wesentlichen Teil zur Traumdeutung bei. In seinen Werken beschreibt Jung den Traum als „unmittelbar deutlich werdende Darstellung der inneren Wirklichkeit des Träumenden". Dies bedeutet, dass keine freien Assoziationen für eine Deutung oder für das Verstehen des Traumes notwendig sind.

Grundsätzlich stimmen die Aussagen rund um die Bedeutung sowie den Sinn der Träume bei Sigmund Freud und bei Carl Gustav Jung überein: Beide beschreiben die Träume als „Königsweg zum Unterbewusstsein". Für die eigentliche Deutung und Interpretation an sich verfolgen sie allerdings unterschiedliche Ansätze. Laut Jung gibt es beispielsweise keine universelle Möglichkeit der Traumdeutung, da jedes geträumte Motiv und Symbol in ihrer Bedeutung vom individuellen Charakter abhängig sind. Für Jung spricht jeder Traum eine eigene Bildsprache, welche die

Botschaft des Traumes direkt vermittelt und für die Traumdeutung erlernt werden muss. Freud hingegen verweist auf eine verzerrte Darstellung der Traumaussage.

1. Träume und Schlaf
2. Was sind Träume?

Schon seit langer Zeit beschäftigen sich Forscher unterschiedlicher Fachrichtungen mit dem Thema „Träumen“. Warum träumen wir überhaupt? Welche Funktionen hat ein Traum? Generell ist sich die Forschung heute sicher, dass wir immer und jede Nacht träumen. Sobald wir schlafen und die entsprechenden Schlafphasen erreichen, beginnt der Mensch also zu träumen.

In den Traum an sich sind zudem viele Teile des menschlichen Gehirns involviert. Die Großhirnrinde gehört hierbei zu den besonders aktiven Bereichen. Aber auch weitere Segmente, beispielsweise unser Sehsystem, werden in die nächtlichen Träume miteinbezogen.

Welche Funktion Träume haben und warum der Mensch überhaupt träumt, ist bis heute noch Gegenstand umfangreicher Spekulationen. Unterschiedliche Forscher vertreten hier unterschiedliche Meinungen. Neben der Ansicht Sigmund Freuds, dass die Träume auf unterdrückte Ängste, Wünsche oder Sehnsüchte hinweisen, wird auch die Ansicht der eigentlichen Unwichtigkeit der Träume kontrovers diskutiert. Auch ein Mittelweg zwischen beiden Ansätzen steht zur Debatte, in erster Linie durch den renommierten Schlafforscher William C. Dement ins Leben gerufen. Zufällige Abläufe im Gehirn können somit zwar die Ursache für einen Traum sein, dieser kann aber gleichzeitig dennoch eine wichtige Rolle einnehmen.

Doch ob rein zufällig mit tiefen Wünschen verbunden oder zur einfachen Verarbeitung der Erlebnisse des Tages, das Thema „Träumen“ nimmt in der Forschung auch heute noch eine zentrale Rolle ein.

Unsere Schlafphasen: Wann träumen wir?

Dank moderner Medizin und Technik lassen sich zumindest die Aktivitäten im Gehirn während des Träumens sehr gut darstellen. So ist mittlerweile bekannt, dass viele Bereiche des Gehirns in den Traum miteinbezogen werden, die zumindest auf den ersten Blick keinen direkten Bezug haben. Ein Beispiel ist das bereits genannte Sehsystem. Und mittlerweile ist auch gut bekannt, wann wir träumen. Denn der Mensch träumt immer, zu jeder Zeit des Schlafens. Dies zeigen die Messungen der Hirnaktivitäten während des Schlafes.

Die geschichtliche Entwicklung der modernen Traum- und Schlafforschung erlebte im Jahr 1953 einen echten Meilenstein. Zusammen entdeckten hier die Forscher Eugene Aserinsky und Nathaniel Kleitman den sogenannten REM-Schlaf. Heute wissen die Forscher zwar, dass es nicht nur die eine REM-Phase während des Schlafens gibt, sondern bis zu fünf. Dies liegt in erster Linie daran, dass sich die Phasen während des Schlafens regelmäßig wiederholen.

Doch was passiert rund um das Träumen in den einzelnen Schlafphasen, also in den Leichtschlaf-, Tiefschlaf- und Traumschlafphasen? Die folgende Gliederung beleuchtet die einzelnen Phasen genauer.

- Leichtschlafphase:

Die Leichtschlafphase findet direkt nach der Wachphase statt, in dieser wird nicht oder nur sehr selten geträumt. Dennoch passieren im Körper und im Gehirn wichtige Dinge, so sinkt unter anderem die Herzfrequenz, aber auch die Körpertemperatur fällt um ca. 0,5 Grad, zusätzlich lässt die Aktivität bestimmter Hirnareale nach. Dabei nimmt die Leichtschlafphase mit etwa 50 Prozent der nächtlichen Schlafzeit ein. Wissenschaftler teilen die Leicht- und die Tiefschlafphase im Übrigen in insgesamt vier Stadien ein, wobei Stadium 1 und 2 die Leichtschlafphase bilden.

- Tiefschlafphase:

Die Tiefschlafphase findet in der Regel zumindest bei gesunden Menschen in der ersten Hälfte der Nacht statt, die Phase nimmt ca. 20 Prozent der nächtlichen Schlafzeit ein. Im Rahmen der Einteilung gilt der Tiefschlaf als Phase 3 und 4. Auch hier finden in der Regel keine qualitativen Träume statt.

- Traumschlafphase:

Der Mensch träumt nur in der Traumschlafphase, auch bekannt unter der Bezeichnung REM-Schlaf. Die Abkürzung „REM“ steht für „rapid eye movement“, also rasche Augenbewegungen. Diese Schlafphase ist unter anderem eben durch diese schnellen Bewegungen der Augen bei geschlossenen Liedern gekennzeichnet und ist gleichzeitig die einzige Phase, in welcher der Mensch träumt. Dabei handelt es sich allerdings nicht um eine längere Phase, sondern um eine Wiederholung bzw. ein Zyklus zwischen REM- und Non-REM-Phase. Während der REM-Phasen und während des Träumens an sich ist die Muskulatur vollkommen entspannt, zudem lässt sich eine erhöhte Hirnaktivität feststellen.

Während des Schlafes finden im menschlichen Gehirn vielfältige Aktivitäten und Prozesse ab. Die neurobiologischen Prozesse dienen unter anderem zur Verarbeitung von eben Erlerntem oder auch von getätigten Eindrücken und Erlebnissen. Ob und wie die Träume hiermit in Verbindung stehen, ist bisher nicht geklärt. Erklärungsversuche gibt es allerdings mehrere, in welchen beispielsweise die Forscher den Traum nur als Nebenprodukt der nächtlichen Hirnaktivität beschreiben.

Gesunder Schlaf und Träume

Gesunder Schlaf ist für den Menschen absolut wichtig. Ständiger, anhaltender Schlafmangel kann krank machen, führt zu einer verminderten Leistungsfähigkeit und sorgt im Alltag regelmäßig für gefährliche Situationen. Das klassische Beispiel hierfür ist der Sekundenschlaf während der Fahrt mit dem Auto. Dabei kann schon ein tägliches Defizit von nur 30 Minuten zu einer sich aufbauenden Schlafschuld führen, welche die entsprechenden Konsequenzen nach sich zieht.

Aber auch die Qualität des Schlafes kann den Ausschlag zur eigenen Erholung geben. Viele Menschen kennen sicherlich das Gefühl, nach einer unruhigen Nacht trotz ausreichend Schlafzeit nicht erholt aufzuwachen. Dies liegt an einem ungesunden Schlaf, in welchem die notwendigen Schlafphasen nicht erreicht werden können. Vor allem die sogenannten Ein- und Durchschlafstörungen sind häufig anzutreffen. Meist sind diese aber nur von kurzer Dauer und von externen Einflüssen verursacht (beispielsweise Stress, persönliche Krisen).

Etwa vier Prozent der Menschen sind allerdings von dauerhaften Schlafstörungen betroffen, die sich auch auf die REM-Phasen und auf das Träumen auswirken können. Über 90 verschiedene Störungen werden hierbei unterschieden, beispielsweise nächtliche Atmungsstörungen, Schlafstörungen aufgrund von Angstzuständen oder Störungen durch Alkohol oder Medikamente.

Dabei ist die Betrachtung ganz einfach: Wer nicht gesund schläft, kommt unter Umständen nicht in die REM-Phasen und kann somit nicht effizient träumen. Und da das Träumen für die Informationsverarbeitung wichtig ist, sind die Auswirkungen beim längeren Nicht-Träumen entsprechend gravierend für die Bewältigung des eigenen Alltages. Wer also gesund schläft, erreicht die REM-Phase, kann entsprechend träumen und sich fit in den Alltag begeben.

Allerdings lassen sich viele Probleme beim Ein- oder Durchschlafen mit einer gesunden und bewussten Schlafhygiene erfolgreich bekämpfen. Einfache Maßnahmen mit großem Erfolg sorgen dafür, dass ein gesundes Schlafen mit entsprechenden Schlafphasen ermöglicht wird. So spielen regelmäßige Einschlaf- und

Aufwachzeiten für den menschlichen Körper eine wichtige Rolle. Diese sollten auch an unterschiedlichen Tagen nicht zu stark variieren, um einen gesunden Schlaf zu ermöglichen.

Aber auch ganz profane Maßnahmen tragen einen Teil zum gesunden Schlaf bei, beispielsweise die passende Temperatur im Schlafzimmer (ca. 18 Grad Celsius). Störende Faktoren wie Smartphone, Fernseher oder allgemein Licht haben im Schlafzimmer ebenfalls nichts zu suchen, wenn ein erholsamer und ruhiger Schlaf gewährleistet werden soll.

1. Träume und Erinnerung
2. Verlässliche Erinnerung an unsere Träume?

Viele Menschen sind der Meinung, nicht zu träumen. Dies liegt allerdings nicht daran, dass die Menschen nicht träumen, sondern dass sie sich an die Inhalte einfach am nächsten Morgen nicht mehr erinnern können. Allerdings sollte dennoch differenziert werden, denn auch ein Nicht-Träumen kann unter ganz besonderen Umständen auftreten. Dies gilt aber nur in den seltensten Fällen, beispielsweise bei einer entsprechenden Schädigung des Gehirns.

Der Grund, warum viele Menschen der Meinung sind, nicht zu träumen, ist die flüchtige Erinnerung an die Träume an sich. Allerdings hängt das Erinnerungsvermögen an die eigenen Träume von vielen Faktoren ab, beispielsweise von der Art der Träume. Die Wissenschaftler unterscheiden hier fünf unterschiedliche Arten der Träume: den REM-Traum, den NREM-Traum, den Einschlaftraum, den Albtraum und den Klartraum. Auch aus der eigenen Erfahrung können die meisten Menschen berichten, dass die Albträume besonders in Erinnerung bleiben. Ähnlich sieht es beim Klartraum oder beim luziden Traum aus. Da es sicher hierbei um einen aktiven Traum mit entsprechendem Bewusstsein und Einflussnahme handelt, ist auch hier die Erinnerung in vielen Fällen möglich.

Zusätzlich spielt aber auch der Zeitpunkt des Träumens eine wichtige Rolle. In der Regel erinnern sich die Menschen an die Träume des Morgens, also aus den REM-Phasen kurz vor dem Aufwachen. Diese sind zudem im Vergleich zu den früheren Phasen meist deutlich länger, auch dies trägt einen Teil zum Erinnerungsvermögen an die eigenen Träume bei.

Tagebuch der Träume: Wie wir diese bewahren können

Aus unterschiedlichen Gründen wünschen sich viele Menschen ein besseres Erinnerungsvermögen an die eigenen Träume. Mit einfachen Tricks und Maßnahmen lassen sich zumindest teilweise bessere Möglichkeiten schaffen, um sich am nächsten Morgen an die eigenen Träume zu erinnern. Das Traumtagebuch gehört zu den gängigen, beliebten Varianten. Das Prinzip hinter dieser Maßnahme ist sehr einfach: Ein Stift und ein Block direkt neben dem Bett fungieren als Traumtagebuch, welches direkt nach dem Aufwachen mit den aktuellen Träumen ausgefüllt werden sollte. Die Träume werden mit allen Details, mit Datum und mit Zeitpunkt aufgeschrieben und können somit bei Bedarf noch einmal ins Gedächtnis gerufen werden.

Zwar findet sich das Tagebuch der Träume vornehmlich im privaten Schlafzimmer, die Bedeutung der einfachen Maßnahme geht tatsächlich aber noch deutlich weiter. So spielt das Tagebuch der Träume auch in der psychologischen und psychiatrischen Traumforschung eine sehr wichtige Rolle. Viele aktuelle Forschungen und Annahmen der Wissenschaft basieren unter anderem auf den Aufzeichnungen aus dem Traumtagebuch der Probanden.

Wie und womit das Tagebuch der Träume geführt wird, bleibt letzten Endes jedem selbst überlassen. So reichen vielen Menschen schon einfache Stichpunkte aus sachlichem Blickwinkel, um das Tagebuch zu führen und somit eine bessere Erinnerung an die eigenen Träume zu erreichen. Andere Menschen greifen hingegen direkt nach dem Aufwachen zum Stift und schreiben den erlebten Traum detailliert, ausformuliert und mit persönlichen Empfindungen auf.

Dabei ist es wichtig, sich auf das zu konzentrieren, was während des Traums passiert ist und welche Empfindungen stattfanden. Auch gerade über die emotionale Ebene lassen sich die Erinnerungen an den eigenen Traum erhalten, um das Traumtagebuch effizient zu führen. Wer mit dem Führen des Traumtagebuchs beginnen möchte, sollte zunächst für ein Aufwachen während der REM-Phasen sorgen. Oftmals geschieht dies von selbst, aber auch die Nutzung eines Weckers kann helfen. Und nach dem Aufwachen sollten die eigenen Gedanken und Empfindungen zunächst geordnet werden. Ein kurzes Liegenbleiben über wenige Minuten im Dunkeln hilft dabei, die Erinnerungen an den Traum zu sammeln, um diese anschließend im Traumtagebuch zu notieren.

Beim Führen des Traumtagebuchs kann auch die moderne Technik eine große Hilfe darstellen. Mit einem MP3-Player oder einem klassischen Diktiergerät lassen sich die eigenen Erinnerungen an den letzten Traum mit nur einem Knopfdruck aufnehmen. Später ist selbstverständlich eine Verschriftlichung der Aufnahmen für eine geordnete Darstellung leicht möglich. Der große Vorteil ist die einfache Handhabung, denn das Traumtagebuch lässt sich somit sogar ohne komplettes Aufwachen führen.

Sinn und Zweck eines Traumtagebuchs

Wer ein Tagebuch für die eigenen Träume führen möchte, kann hierbei von mehreren Vorteilen profitieren. Folgende Punkte sprechen für das Führen des Traumtagebuchs:

- Träume lenken bzw. luzides Träumen:

Das luzide Träumen, also das klare Träumen, kann durch das Führen des Traumtagebuchs erlernt und unterstützt werden. Durch die aktive Beschäftigung mit den eigenen Träumen ist es möglich, die Eigenschaften des luziden Träumens zu verinnerlichen, beispielsweise das Lenken der Traumhandlung durch aktives Eingreifen.

- persönliche Entwicklung und Wachstum:

Die Träume stellen auch Informationen über den seelischen Zustand zur Verfügung. Mit einem Traumtagebuch werden diese Informationen gesammelt und übersichtlich dargestellt. Für eine persönliche Entwicklung und ein konsequentes

Wachstum stellen diese Informationen gerade langfristig eine gute Hilfe dar (Stichwort: „Träume sind der königliche Weg zu unserer Seele“, Sigmund Freud).

- Training der Traumerinnerung:

Abseits der persönlichen Entwicklung und der Problemlösung bietet das Traumtagebuch auch ein effizientes Training, um die Erinnerungen an die Träume deutlich zu steigern. Wer sich regelmäßig mit den eigenen Träumen beschäftigt und diese im Tagebuch festhält, kann schnell einen Fortschritt feststellen. Das Träumen wird klarer und die Erinnerungen sind nach dem Aufwachen detailreicher.

- Kreativität fördern und Lösungen finden:

Durch die Verarbeitung von Erlebtem und von Erlerntem sind die Träume durchaus auch eine Quelle für Kreativität und für Problemlösungen. Ob Ansätze zur Relativitätstheorie wie bei Albert Einstein oder musikalische Inspirationen wie bei Paul McCartney für den Welthit „Yesterday“, die Beispiele für im Traum gefundene Lösungen sind vielfältig. Wer ein Traumtagebuch führt, findet also unter Umständen Lösungen oder zumindest Ansätze für die Bewältigung der eigenen Probleme.

- Traumsymbole sowie wiederkehrende Muster erkennen:

Die Träume sind häufig von wiederkehrenden Symbolen und Mustern gekennzeichnet. Um diese Symbole oder Muster auch langfristig zu erkennen, ist das Traumtagebuch mit seiner umfangreichen Darstellung der geträumten Inhalte eine sehr gute Wahl. Denn gerade bei einer einzelnen Betrachtung der Träume fallen diese Symbole und Muster nicht auf.

- Probleme erkennen:

Psychische Probleme zeigen sich häufig schon sehr früh in Träumen. Zu viel Stress, eine Depression oder weitere Problematiken lassen sich durch das Führen eines Traumtagebuchs effizient erkennen. Regelmäßig wiederkehrende Bedrohungssituationen oder spezielle Symbole im Traum stellen einen Indikator für entsprechende Problematiken im seelischen Gleichgewicht dar.

1. Träume – Deutung und Verstehen 2. Bedeutung und Einfluss individueller Traumentschlüsselung

Die Traumdeutung zieht sich durch die Jahrhunderte und nimmt heute weiterhin eine sehr wichtige Rolle ein. Ob aus medizinischer Sicht oder aus persönlichem Interesse, mit der effizienten Traumdeutung lassen sich unterschiedliche Ziele verfolgen und erreichen.

Ob und wie eine Traumdeutung möglich ist oder gar Sinn macht, ist umstritten und unter anderem auch vom jeweiligen Wissenschaftsgebiet abhängig. So gelten gerade die Neurowissenschaften als Kritiker der Traumdeutung. Die Sinnhaftigkeit einer Analyse wird unter anderem durch die Betrachtung des Träumens an sich infrage gestellt. Hier gelten die Träume als Resultat neuronaler und kognitiver Einflüsse, sodass die Deutung an sich nicht erforderlich ist.

Neben der allgemeinen Betrachtungsweise aus wissenschaftlichem Blickwinkel spielt die Traumentschlüsselung auch im privaten, persönlichen Umfeld eine wichtige Rolle. Die Traumdeutung gilt für viele Menschen als ein Weg, Probleme zu lösen, Nachrichten zu empfangen und das Unterbewusstsein zu entschlüsseln.

Träume und die Traumdeutung an sich nehmen bei Menschen mit einem erlebten Trauma eine besondere Funktion ein. Experimente zeigen, dass sich diese Menschen in der Nacht bzw. in den eigenen Träumen sehr häufig mit den erlebten Traumata beschäftigen. Diese sind häufig Gegenstand der nächtlichen Träume. Träume mit Ängsten und negativen Emotionen sind zwar bei vielen Menschen vorhanden, bei Menschen mit erlebten Traumata bewegen sich diese Ängste und träumerischen Erfahrungen allerdings sehr häufig im engen Rahmen der erlebten Problematiken.

Für die Verarbeitung dieser Traumata nehmen Träume nach aktuellem Stand der Wissenschaft eine wichtige Rolle ein. So geht die moderne Psychologie heute davon aus, dass durch eine effiziente Traumdeutung und Traumbeobachtung der Fortschritt einer Therapie beobachtet werden kann. Denn: Je komplexer die Träume des Patienten ausfallen und je gefühlsbetonter diese sind, desto besser kann der Fortschritt der therapeutischen Maßnahmen bewertet werden.

Und nicht zuletzt gibt es gerade im privaten, persönlichen Umfeld viele Fälle, in denen Menschen den Träumen und der zugrunde liegenden Deutung einen großen Einfluss auf das eigene Leben nehmen lassen. Interpretierte Symbole aus erlebten Träumen bringen Menschen zu entsprechenden Handlungen, selbst ein kompletten Ausrichten des eigenen Lebens nach den Traumsymbolen und der entsprechenden Deutung tritt vereinzelt auf.

Traumsymbole und deren Bedeutung

Für die allgemeine Traumdeutung liegt der Fokus in der Regel auf speziell geträumten Symbolen. Diese können natürlich von Träumer zu Träumer variieren und gerade Menschen, die sich häufig nicht an die eigenen Träume erinnern, werden viele dieser Symbole nicht kennen. Generell sind diese jedoch sehr weit verbreitet und immer wieder Bestandteil der Träume. Die Traumdeutung der Symbole verändert sich zwar fortlaufend, unter anderem auch durch immer neue Symbole, die grundlegenden Bedeutungen bestehen nun aber schon seit einer langen Zeit. Unterscheiden sollte man im Rahmen der Traumdeutung allerdings zwischen dieser und Prophezeiungen oder dem Hellsehen. Denn vielmehr betrachtet die Traumdeutung das Träumen als eine unbewusste Selbstreflexion. Hierdurch ist dann eine individuelle Deutung unter Beachtung der aufgetretenen Symbole möglich. Aber Achtung: Bei der Traumdeutung kommt es nicht nur auf das Symbol an sich an. Auch weitere Details spielen für die Deutung eine wichtige Rolle. Auftretende Personen, die Position des Träumers an sich und viele weitere Details sollten beachtet werden.

Genau deshalb erweist sich das Traumtagebuch als besonders sinnvolle Begleitung, denn beim regelmäßigen Erinnern und Aufschreiben fallen einem gerade mit der Zeit immer mehr Details zu den eigenen Träumen ein.

Die 10 häufigsten Symbole

Selbstverständlich ist jeder Traum individuell, jeder Mensch träumt unterschiedlich. Dennoch gibt es klassische Symbole und Inhalte, die immer wieder auftreten und in vielen Fällen erzählt werden. Im Folgenden erläutern wir die zehn wichtigsten und häufigsten Symbole rund ums Träumen.

- Verfolgungen:

Verfolgungen im Traum deuten meist auf Ängste des Alltags hin. Zwar lassen sich prinzipiell Unterschiede feststellen, beispielsweise zwischen einer tatsächlichen Verfolgung und dem einfachen Gefühl, die Deutung unterscheidet sich hierdurch allerdings nicht. Die Botschaft hinter der Verfolgung im Traum ist laut aktueller Traumdeutung, sich den eigenen Ängsten zu stellen und nicht mehr vor diesen wegzulaufen. Wer eine Traumdeutung mit dem bekannten Symbol der Verfolgung durchführen möchte, der sollte sich an den Traum zunächst einmal genau erinnern. War der Träumende der Verfolgte oder wurde er von einer fremden Person verfolgt?

Die Flucht vor einem Verfolgten im Traum kann unter Umständen auch wörtlich genommen und einfach auf den Alltag übertragen werden. So kann dieses Traumbild eine Flucht vor eigenen Sorgen und Ängsten beschreiben. Ganz typisch ist die Entwicklung der Träume mit der Verfolgung als Traumsymbol. In vielen Fällen werden diese Träume zu einem echten Albtraum. Klassifiziert sind diese vor allem durch eine erfolglose Flucht, beispielsweise durch abgeschnittene Fluchtwege.

- Fallen:

Das Gefühl des Fallens kennen mit Sicherheit die meisten Menschen aus den eigenen Träumen. Häufig tritt dieses direkt nach dem Einschlafen auf. Der Grund hierfür ist in der Entspannung der Muskeln zu finden, im weitesten Sinne handelt es sich um einen Verarbeitungsfehler. Denn der Körper muss sich zunächst noch an die liegende Position gewöhnen. Plötzlich fühlt man sich, als würde man fallen, ist wieder hellwach und zuckt stark zusammen. Tritt das Gefühl des Fallens in späteren Schlafphasen auf, kann die Bedeutung aber auch eine andere sein. Eine verbreitete Deutungsvariante ist der klassische

Verlust, beispielsweise durch Veränderungen im eigenen Leben und auch mangelndes Selbstbewusstsein und Selbstvertrauen können während des Schlafs das Gefühl des Fallens hervorrufen. Allerdings kommt es auch bei diesem Traumbild auf die genauen Details an. Fällt der Träumende selbst oder sieht er stattdessen jemanden fallen? Gerade bei letzterem Traum kann dies ein Hinweis auf Neid oder auch auf Eifersucht sein.

- Ausfallende Zähne:

Ausfallende Zähne beschreiben während des Traums keinesfalls Probleme mit dem Gebiss oder gesundheitliche Einschränkungen, sondern sind vielmehr ein deutlicher Hinweis auf ein geschwächtes Selbstbewusstsein. Gesunde, feste Zähne stehen für Stärke und Vitalität. Vor allem Unsicherheiten in Bezug auf das eigene Erscheinungsbild, unterdrückte Sorgen oder auch eine fehlende Anerkennung können dafür sorgen, dass die ausfallenden Zähne im Traum als Symbol auftauchen. Menschen mit im Traum ausfallenden Zähnen fürchten sich sehr häufig davor, selbst nicht ernstgenommen zu werden, beispielsweise in der Beziehung mit dem Partner oder auch im Beruf. Anstehende Schwierigkeiten können ebenfalls auftreten, wenn der Träumende das Traumsymbol der ausfallenden Zähne träumt. Eine besondere Kombination ist der Verlust der Zähne mit dem Tod im Traum. Hier steht der Tod für einen Neuanfang und nicht für das Ende, in der Kombination bereut der Träumende einen wichtigen Schritt und vermisst einen zuletzt hinter sich gelassenen Zustand.

- Tod und Sterben:

Im Traum ist der Tod nicht mit dem eigenen Ableben oder mit dem Sterben einer bekannten Person verbunden, sondern steht für einen Wandel oder auch Neuanfänge. Dies kann sich beispielsweise auf den Job beziehen, aber auch persönliche Bereiche wie eine Partnerschaft oder ein allgemeiner Lebensabschnitt können für die Deutung des Traumsymbols eine wichtige Rolle spielen. Noch einmal anders sieht es bei der Kombination des Todes mit weiteren Symbolen aus, beispielsweise einer Beerdigung oder auch einem Sarg. Wer im Traum stirbt, muss also keinesfalls das eigene Ableben befürchten. Dennoch kann der Traum mit dem Tod oder mit dem Sterben als Symbol als bedrohlich eingestuft werden und für Ängste sorgen. Eine genaue

Betrachtung ist für die Traumdeutung besonders wichtig. Wird ein Todesurteil ausgespielt, wird eine Autopsie durchgeführt oder wird im Traum der Sensenmann gesehen, sind unterschiedliche Deutungen immer möglich. Auch hier wird der Traum schnell zu einem echten Albtraum in der Nacht.

- Schlangen:

Bereits in der Bibel stehen die Schlangen symbolisch für das Böse, diese Symbolik zieht sich aber auch durch viele weitere Bereiche in Gesellschaft und Literatur. Im Traum sieht dies allerdings ein wenig anders aus. Denn in der Traumdeutung gelten die Schlagen als Symbol für Triebe, Instinkte oder sexuelle Bedürfnisse, auch eine Deutung als Phallussymbol erfolgt in vielen Fällen. Die Aktivitäten, die Anzahl und auch der Gemütszustand der Schlangen aus dem eigenen Traum sollten bei einer effektiven Traumdeutung aber natürlich ebenfalls beachtet werden. Die Unterschiede von Traum zu Traum sind allerdings enorm und sollten für die anstehende Deutung des Traums immer beachtet werden. Unter anderem kann die Farbe der Schlange eine sehr wichtige Rolle spielen und es ist auch hilfreich, wenn der Träumende unter Umständen sogar die Art der Schlange erkennen kann. Die genauen Deutungen variieren, sodass beispielsweise der Biss einer giftigen Schlange eine Indikation für Neid und Eifersucht sein kann. Bei einem Biss durch eine ungiftige Schlange handelt es sich hingegen um die Gefahr einer externen Person, die dem Träumer Schaden zufügen möchte.

- Schwangerschaft:

Die Schwangerschaft als Traum betrifft längst nicht nur Frauen, sondern tritt tatsächlich auch immer wieder bei Männern auf. Hiermit ist in der Regel aber weder der Wunsch nach Nachwuchs noch eine tatsächliche Schwangerschaft gemeint. Träumt man von einer Schwangerschaft, verbergen sich hinter diesem Symbol meist unerfüllte Hoffnungen oder auch Wünsche. Diese Hoffnungen und Wünsche können umfangreiche Bereiche des eigenen Lebens betreffen, beispielsweise den Job oder auch eine neue Beziehung. Aber auch der starke Wunsch nach einer eigenen Schwangerschaft kann bei einer Frau den Traum einer entsprechenden Schwangerschaft hervorrufen, hier stellt dieser dann einfach ein nächtliches Symbol für den starken Wunsch dar. Und bereits schwangere Frauen träumen von diesem Symbol häufig aufgrund der vorherrschenden Sorgen, beispielsweise einer Fehlgeburt oder Komplikationen. Durch diesen Traum findet eine Verarbeitung der eigenen Sorgen statt. Träumt eine Frau hingegen von dem eigenen, schwangeren Partner, so wünscht sich diese in der Regel, dass der Partner im Alltag mehr Verantwortung übernimmt.

- Fliegen:

Auch das Fliegen ist im Traum ein sehr häufig anzutreffendes Symbol und in der Traumdeutung dementsprechend von großer Relevanz. Generell steht das Fliegen für Freiheit und Unabhängigkeit. In vielen Träumen ist das Fliegen mit positiven Emotionen verbunden, in einem solchen Fall steht diese Symbolik für eine innere, neugewonnene Freiheit. Kürzlich gefällte Entscheidungen oder auch gerade gelöste Konflikte können die Ursache für einen solchen Traum darstellen. Bei der eigentlichen Traumdeutung spielt aber auch die Art des Fliegens eine wichtige Rolle (mit oder ohne Hilfsmittel, mit Fallschirm oder einem Besen beispielsweise). Denn je nach Ausführung verändert sich die Deutung des Traumes deutlich. Aber gerade durch das besonders häufige Auftreten des Symbols in den Träumen der Menschen kommt es immer wieder zu wiederholten Berichten über genaue Begebenheiten. Eine besondere Traumdeutung bringt einen sexuellen Aspekt mit dem Fliegen im Traum in Verbindung. Eine erotische Ekstase oder ein sexueller Rausch werden in diesem Fall durch das freie Fliegen symbolisiert.

- Fremdgehen:

Verborgene Wünsche und nicht ein tatsächlicher Betrug oder eine Affäre verbergen sich hinter dem Symbol des Fremdgehens im Traum. Vor allem der Wunsch nach Veränderung im eigenen Leben oder auch das Gefühl, in der eigenen Umgebung eingeengt zu sein, verursachen das Fremdgehen als Symbol während des Träumens. Dies gilt vor allem dann, wenn sich das Fremdgehen auf den Träumenden selbst bezieht. Wer hier jedoch seinen Partner sieht, wie dieser fremdgeht, leidet in vielen Fällen unter Verlustängsten. Und selbstverständlich handelt es sich hierbei nicht direkt um einen positiven Traum, auch dieser ist häufig an der Schwelle zum Albtraum.

Einen deutlichen Unterschied bei der Traumdeutung des Symbols gibt es je nach Art des Fremdgehens. Geht der Mann als Träumender seiner Partnerin fremd, verbergen sich hinter diesem Symbol häufig sexuelle Wünsche, die derzeit nicht ausgelebt werden können. Ist es hingegen die Frau, die als Träumende mit einem anderen Mann fremdgeht, deutet dies auf eine positive Entwicklung der eigenen Zukunft hin, häufig sogar in der eigenen Partnerschaft.

- Spinnen:

Die Spinnen im Traum können für vielfältige Symbole stehen. Ob und wie die Spinnen gedeutet werden, hängt unter anderem von der Anzahl und auch von der Aktivität der Spinnen an sich ab. Eine Spinne, die gerade ein Netz webt, steht für Glück bei der Wohnungssuche. Seilt sich die Spinne jedoch am Faden ab, kann dies für gefährdetes Glück stehen. Und generell gelten die Spinnen an sich als Symbol für die Täuschung und die Lüge. Ganz anders sieht es beim Netz der Spinne aus, da dieses als Symbol für Kreativität interpretiert wird. Generell wird die Spinne im Traum jedoch als wenig positiv empfunden. Je nach Art und je nach Intensität des Traumes kommt es auch hier häufig zu einem echten Albtraum. In Anbetracht der positiven Deutung des Symbols ist diese Ansicht allerdings ein wenig schade, denn die Spinne bietet gerade im Traum viele positive Hinweise auf das eigene Leben.

- Wasser:

Die Traumdeutung beschreibt das Wasser während des Träumens als Symbol für die eigene Seele, für das Weibliche und für das Emotionale. Die Art, wie das Wasser während des Träumens auftritt, spielt für die individuelle Deutung jedoch eine sehr wichtige Rolle. So gilt fließendes Wasser beispielsweise als ein Symbol für die innere Balance. Wer sich während des Traums im Wasser befindet, könnte hingegen Hinweise auf eine bevorstehende Schwangerschaft oder Geburt erhalten. Das Wasser an sich ist als Traumsymbol also sehr häufig mit emotionalen Aspekten verbunden. Eine Reinigung des eigenen Körpers, ein Loslassen und Entspannen und viele weitere Emotionen lassen sich mit dem Traumsymbol des Wassers effizient kombinieren. Aber hier spielen die Details des Traums natürlich eine sehr wichtige Rolle. Bei Salzwasser handelt es sich im Traum beispielsweise um einen Hinweis auf eine sehr gute Versorgungslage im eigenen Leben.

Weitere Traumsymbole

- Auto:

Das Auto gehört zu den besonders bekannten und besonders häufig vertretenen Symbolen im Traum. Die Möglichkeiten sind hierbei entsprechend vielfältig und eine Traumdeutung ist von vielen verschiedenen Faktoren abhängig. Die Marke des Fahrzeuges, die Art des Fahrens, die Position im Auto an sich oder auch die Geschwindigkeit, all diese Punkte spielen eine wichtige Rolle, wenn der Traum gedeutet werden soll. Das Auto symbolisiert in der Regel den Träumenden selbst. Hindernisse beim Fahren im Traum können Hindernisse im eigenen Leben darstellen, die Kupplung gilt als Symbol für ein vorsichtiges, umsichtiges Handeln und versagende Bremsen stehen in vielen Fällen für einen eigenen Kontrollverlust im Alltag.

- Autounfall:

Hinter einem Autounfall verbirgt sich im Reich der Träume sehr oft eine Grundangst des Träumenden, die sich auf den emotionalen Zustand bezieht. Die genaue Traumdeutung hängt hier unter anderem von dem erlittenen Schaden während des Traumes ab. So gilt beispielsweise, dass bei einem großen Unfall auch die Sorgen, Ängste und Probleme entsprechend umfangreich ausfallen. Wer jedoch nicht den Autounfall direkt, sondern nur die Furcht vor einem solchen Szenario träumt, der leidet beispielsweise unter einem hohen Druck. Der Traum zeigt dann den Hinweis, dass mit einer sanfteren Gangart das gesetzte Ziel erreicht werden kann. Auch die beteiligten Personen am Unfall spielen für die Deutung eine wichtige Rolle.

- Bett:

Während das Bett im Alltag für Ruhe und Entspannung sorgt, nimmt dieses in der Traumdeutung eine andere Funktion ein. Hierbei handelt es sich allerdings um verschiedene Deutungen, sodass eine genaue Betrachtung des Bettes notwendig ist. So steht ein großes Bett beispielsweise für einen hohen Stellenwert der eigenen Sexualität, der vom Träumenden eingeräumt wird. Ein schmutziges Bett kann hingegen die Aufforderung beinhalten, die eigenen Beziehungen zu säubern. Der Wunsch nach mehr Ruhe und mehr Entspannung gilt immer dann, wenn der Träumende während des Traumes ruhig im Bett liegt, ein Hinweis auf die eigenen Energiereserven ergibt sich durch den Traum des Krank-im-Bett-Liegens.

- Baby:

Vielfältige Deutungsmöglichkeiten und gleichzeitig ein häufiges Auftreten in Träumen machen das Baby als Traumsymbol besonders interessant. Dabei sind es sogar nicht nur die Frauen, die von einem Baby träumen, auch bei Männern wird dieses Traumsymbol immer wieder beschrieben. Der Traum ist meist mit positiven Empfindungen verbunden, dies liegt sicherlich auch an den Urinstinkten (beschützen, füttern, pflegen). Das Baby als Traumsymbol kann dabei natürlich auf der einen Seite für den Kinderwunsch stehen, aber auch die Deutung als Neuanfang ist heute geläufig, beispielsweise im Beruf. Für die Deutung der Träume können zusätzlich die zugehörigen Symbole eine wichtige Rolle spielen, beispielsweise die Flasche, die Rassel oder sogar der Storch.

- Chaos:

Wer vom Chaos träumt, sollte sein Leben auf ein Ungleichgewicht untersuchen. Dieses Ungleichgewicht kann jedoch in allen Bereichen zu finden sein, beispielsweise ganz einfach im Alltag, aber auch in der Gefühlswelt. Im Rahmen der Traumdeutung darf das Chaos als Zeichen der Verunsicherung angesehen werden, hier ist tatsächlich eine direkte Deutung möglich. Folgen im Traum Symbole der Ordnung dem Chaos, lassen sich hier allerdings positive Tendenzen erkennen. Dies ist beispielsweise bei einer zunehmenden Verbesserung des Ungleichgewichts möglich. Wer regelmäßig vom Chaos träumt, sollte mehr Ruhe in seinen Alltag bringen und sich für die Aufgaben die Zeit nehmen, die für das Erreichen der Ziele wichtig ist.

- Dunkelheit:

Unverständlichkeit oder auch ganz allgemein Angst können sich hinter dem Traum von Dunkelheit verbergen. Dieser Traum basiert meist auf umfangreichen Problemen, sowohl im Alltag wie auch auf die eigene Persönlichkeit bezogen. So kann der Traum, in welchem der Träumende von Dunkelheit umgeben ist, als Hinweis auf fehlendes Selbstbewusstsein gesehen werden. Lichtet sich die Dunkelheit während des Traumes, ist auch hier eine Besserung in Sicht. Wird die Dunkelheit immer stärker, ist das Gegenteil der Fall. In der Traumdeutung gelten weiterhin auftretende Fledermäuse als Hinweis für aufkommende Sorgen und Nöte, während ein in der Dunkelheit auftretendes Glühwürmchen als Hinweis für ein bald gelüftetes Geheimnis angesehen werden kann.

- Diebstahl:

Tritt im Traum das Thema Diebstahl an die Tagesordnung, handelt es sich in den meisten Fällen um die Angst vor einem Verlust. Eine besondere Rolle nimmt der Diebstahl durch einen Unbekannten im Traum ein, denn dieser Traum bezieht sich dann meist auf einen selbst. Bei der Traumdeutung rund um dieses Symbol geht es auch wieder um die Details, beispielsweise wer den Diebstahl begeht, was geklaut wird und wo der Diebstahl stattfindet. Weitere Deutungsmöglichkeiten finden sich beispielsweise, wenn der Träumende einen Dieb im Traum beobachtet. Hier handelt es sich laut der Deutung häufig um einen Fall von Neid oder auch die Gefahr eines Betruges im Alltag.

- Feuer:

Das Feuer ist eines der vier grundlegenden Elemente auf dieser Erde und auch im Traum besonders häufig anzutreffen. Die Traumdeutung schreibt den Träumen mit Feuer (oder auch mit Brandgeruch) eine sehr große Bedeutung zu. Starke Emotionen und auch eine starke Leidenschaft können sich hinter dem Traum vom Feuer verbergen. Die Symbolik der eigenen Seele wird im Rahmen der Traumdeutung aber ebenfalls in vielen Fällen herangezogen und genutzt. Aber auch die Art des Feuers spielt für die Deutung eine sehr wichtige Rolle, denn sowohl negative wie auch positive Einflüsse lassen sich hier erkennen. Wer im Traum beispielsweise vor einer undurchdringbaren Feuerwand steht, erhält einen Hinweis für das Ausharren in einer bestimmten Situation. Hell brennende Feuer stehen hingegen für neue Ideen und Inspirationen.

- Eifersucht:

Gerade in Beziehungen treten Träume mit dem Gefühl der Eifersucht als Symbol sehr häufig auf. Sowohl Männer wie auch Frauen träumen häufig von diesem meist unangenehmen Gefühl. Eine Ursache für diesen speziellen Traum kann aber auch eine unerwiderte Liebe sein. In vielen Fällen kann das Gefühl der Eifersucht im Rahmen der Traumdeutung direkt auf das Leben übertragen werden. Die Eifersucht spielt also auch im realen Leben des Träumenden unter Umständen eine sehr wichtige Rolle. Aber auch eine weitergehende Deutung der Eifersucht als Traumsymbol ist möglich, beispielsweise in Form von anstehenden Streitereien. Dieser Streit kann sich auch auf die Person beziehen, auf welche der Träumende im Traum eifersüchtig ist.

- Erdbeben:

Das Erdbeben gehört zu den besonders gewaltigen Naturkatastrophen und tritt auch in Träumen als Symbol immer wieder auf. Die Erdbeben sind hierbei in der Regel sehr stark und lassen vielfältige Deutungsmöglichkeiten zu. So kann das Erdbeben beispielsweise symbolisch für eine deutliche, starke Veränderung im eigenen Leben stehen. Aber auch ein Kontrollverlust im eigenen Leben kann die Ursache für den Traum eines Erdbebens darstellen. Eine Warnung vor Kriegen oder Enttäuschungen im eigenen Leben können das Erdbeben als Symbol im Traum auftauchen lassen. Die Deutung hängt von vielen Faktoren ab, beispielsweise von der Schwere des Erdbebens oder auch der Betrachtungsweise des Träumenden auf dieses Naturphänomen.

- Gefängnis:

Das Einsperren im Gefängnis ist nicht nur im wahren Leben mit einer Einschränkung der persönlichen Freiheit verbunden. Diese Deutung gilt nämlich auch dann, wenn das Gefängnis als Symbol im Traum auftaucht. Doch eine genaue Deutung ist nur bei einer exakten Betrachtung des Traumes möglich. Hier spielen beispielsweise die Fenster, die Wärter oder auch weitere Personen eine sehr wichtige Rolle. Ähnlich sieht es beim Grund der Haft aus, dieser sollte in die eigentliche Traumdeutung nach Möglichkeit ebenfalls mit einfließen. Das Gefängnis als Traumsymbol hat allgemein allerdings häufig eine psychische Einengung im eigenen Leben als Grundlage, hierbei kann es sich beispielsweise um die eigene Beziehung oder auch eine zu große Verantwortung aus dem beruflichen Bereich handeln.

- Geschenk:

Beim Traumsymbol des Geschenks handelt es sich in der Regel um eine positive Deutung bzw. einen Traum, der mit positiven Gedanken verbunden ist. Denn wer bekommt nicht gerne ein Geschenk? Wird das Geschenk im Traum von einer anderen Person an den Träumenden überreicht, zeichnet sich eine Wandlung im eigenen Leben ab. Ob eine neue Liebe, mehr Anerkennung oder ein persönlicher Fortschritt im Beruf, hier sind unterschiedliche Möglichkeiten gegeben. Das überreichte Geschenk kann aber auch symbolisch für ein überreichtes Talent stehen.

Und wenn es sich im Traum um einen Stapel mit mehreren Geschenken handelt, ist dies häufig der Hinweis, das eigene Talent zu nutzen.

- Gewitter:

Auch das Gewitter gehört zu den besonders starken und beeindruckenden Naturphänomenen, während dieses gleichzeitig auch für die eine oder andere Gefahr sorgen kann. Das Gewitter ist für viele ein Grund zur Furcht und auch im Traum kann dieses Symbol entsprechend gedeutet werden. Bei einem Gewitter auf freiem Feld stehen Veränderungen in negativer Form in unterschiedlichen Segmenten an. Wer sich während des Gewitters jedoch in einem geschützten Umfeld befindet, kann vielen Gefahren entgehen. Aber auch emotional kann das Gewitter im Traum einiges ausdrücken. Starke Emotionen in Form einer Liebe oder der Leidenschaft allgemein werden in der Traumdeutung in vielen Fällen mit dem Symbol des Gewitters in Verbindung gebracht. Und nicht zuletzt beschreibt die Traumdeutung das Gewitter aber auch als Hinweis für plötzliche Änderungen im eigenen Leben.

- Ertrinken:

Ertrinken gehört zu den besonders gefürchteten Todesarten und ist mit vielen Qualen verbunden. Das langsame Ersticken und das Gefühl der Machtlosigkeit sind im Reich der Träume ein häufiges Symbol, das auf unterschiedliche Arten und Weisen gedeutet werden kann. Unter anderem beschreiben die Traumdeuter hinter diesem Symbol eine Mahnung zu mehr Vorsicht an den Träumenden, sodass dieser sich besser nicht in Gefahr begeben sollte. Wer im Traum einem Ertrinkenden hilft, kann vor Problemen stehen, die sich aber mit einer entsprechenden Handlung effizient lösen lassen. Anders sieht es aus, wenn der Träumende im Traum vor dem Ertrinken gerettet wird. In diesem Fall sagen die Traumdeuter, dass ein gutherziger Mensch in das Leben des Träumenden treten wird. Und generell steht das Symbol des Ertrinkens für eine ausweglose Situation mit Hilflosigkeit, häufig durch ein geringes oder nicht vorhandenes Selbstbewusstsein hervorgerufen. In der Traumdeutung wird das Ertrinken im Traum aber auch häufig mit einem Verlust in der realen Welt in Verbindung gebracht.

- jemanden schlagen/Gewalt:

Träume mit Gewalt sind in der Regel immer mit negativen Empfindungen verbunden und werden natürlich auch dementsprechend als unangenehm beschrieben. Generell kann die Gewalt im Traum als Protest betrachtet werden, der sich vor allem auf eigene Probleme oder auf das eigene Selbst richten. Bei der Traumdeutung ist es allerdings von großer Bedeutung, auf die Art und die Richtung der Gewalt zu achten. So macht es einen großen Unterschied, ob der Träumende Opfer der Gewalt ist oder diese alternativ selbst ausübt. Gerade bei Letzterem ist der L mit der Gewalt als Symbol für den Wunsch nach mehr Macht und Durchsetzungsvermögen zu betrachten. Richtet sich die Gewalt im Traum gezielt gegen eine reale Person, stecken hier meist Probleme in der Beziehung zwischen der Person und dem Träumenden dahinter. Umso wichtiger ist es in einem solchen Fall, für eine Aussprache zu sorgen, damit diese Probleme effizient gelöst werden können.

- Krieg:

Die Angst vor Krieg ist auch in der heutigen Zeit leider allgegenwärtig, sodass dieser zu den besonders häufigen Traumsymbolen gehören dürfte. Leid, Verluste, Ängste und mehr lassen sich mit dem Krieg in Verbindung bringen. Bei der Traumdeutung kommt es auf die genaue Betrachtung des Kriegsschauplatzes an. Gerade dieses Symbol steht häufig für eigene Konflikte in einem selbst und die Aufforderung, diese nach Möglichkeit zu lösen. Doch auch die Art des Krieges kann für die Traumdeutung Unterschiede bedeuten. Wer beispielsweise von der gefürchteten Mobilmachung der Truppen träumt, der leidet häufig unter einer inneren Anspannung. Diese gilt es dann also zu lösen. Auch einzelne Symbole während des Träumens können für die effiziente Deutung eine sehr wichtige Rolle spielen. Die Art der Waffen, die beteiligten Parteien und sogar feine Details wie ein Schützengraben sollten für die Deutung des Traumes mit dem Symbol Krieg immer und unbedingt beachtet werden.

- Krankenhaus:

Hoffnung und Leid sind gerade beim Krankenhaus besonders nah beieinander, die Berührungspunkte fallen bei vielen Menschen im Alltag mit dem Krankenhaus besonders umfangreich aus. Entsprechend oft tritt dieses Symbol auch im Traum auf und nimmt bei der Traumdeutung eine sehr wichtige Rolle ein. Wer sich im Traum in einem Krankenhaus befindet, der wird oft von starken und erdrückenden Sorgen geplagt. Eine Lösung ohne Hilfe von außen ist oftmals nicht möglich, weswegen sich der Träumende im Krankenhaus befindet. Die Empfindungen rund um das Symbol des Krankenhauses während des Traumes können allerdings von Mensch zu Mensch variieren. Sowohl eine Betrachtung als Bedrohung wie auch als Ort der Heilung sind natürlich immer möglich, diese Betrachtungsweise und auch die Art des Aufenthaltes im Krankenhaus sind für eine individuelle und treffende Deutung des Traumes von großer Bedeutung. Übrigens: Wer im Krankenhaus seinen eigenen Tod erlebt, wird im weiteren Verlauf des Lebens häufig einen neuen Lebensabschnitt beginnen.

- Monster:

Monster begleiten viele Menschen seit der eigenen Kindheit. Geprägt sind die Erlebnisse und Erinnerungen in der Regel immer von Furcht und einer Art Grundangst. Im Traum tritt das Monster immer wieder auf, das Traumsymbol findet sich in allen Altersgruppen und sowohl bei Männern wie auch bei Frauen. In der allgemeinen Traumdeutung gilt das Monster als Symbol für Sorgen oder auch für Ängste. Hierbei lassen sich sowohl reale Ängste (beispielsweise finanzielle Verluste) und eher unbegründete Ängste unterscheiden. Vor allem bei einer Unterdrückung der eigenen Ängste im normalen Alltag kommt es immer wieder zu Träumen mit dem Monster als Symbol. Wer regelmäßig von einem Monster träumt, kann diesen bedrohlichen Traum oftmals mit einer einfachen Maßnahme stoppen. Hierfür muss sich der Träumende vor dem Einschlafen immer wieder fest vornehmen, im Traum mit dem Monster Augenkontakt aufzunehmen. Denn die eigentlichen Monster aus dem Traum erscheinen bei einer solchen Betrachtung oftmals als deutlich weniger bedrohlich und gefährlich als zunächst angenommen.

- Ohnmacht:

Die Ohnmacht als völliger, plötzlicher Verlust der Kontrolle über den eigenen Körper ist ein häufig geträumtes Symbol. Eine zentrale Rolle nimmt hierbei aber die genaue Art des Symbols ein, denn je nach Art und je nach Zustandekommen der Ohnmacht können deutliche Unterschiede bei der allgemeinen Traumdeutung auftreten. Wer beispielsweise im Traum einfach so ohnmächtig wird, erhält häufig einen Hinweis auf ein plötzliches Ereignis, sodass dieser Traum eher mit positiven Gefühlen und Erfahrungen verbunden ist. Anders sieht es aus, wenn die Ohnmacht während des Träumens beispielsweise bei einem Ringkampf oder auch bei einem Boxen auftritt. In einem solchen Fall geht die Deutung der Träume von einem inneren Konflikt aus. Durch den Traum und das Symbol der Ohnmacht in genau diesem erhält der Träumende den Hinweis auf diesen Konflikt in einem selbst und die Aufforderung, sich diesem Konflikt zu stellen und diesen nach Möglichkeit auch direkt zu lösen.

- Obdachloser:

Die Obdachlosigkeit ist zwar häufiger Bestandteil des alltäglichen Lebens und eine mehr oder weniger direkte Konfrontation mit diesem Thema tritt regelmäßig auf, allerdings ist das Thema natürlich eher mit negativen Emotionen behaftet. Im Traum sieht dies allerdings anders aus, wenn hier das Traumsymbol Obdachloser oder Obdachlosigkeit auftritt. Generell lässt sich hierbei unterscheiden, ob der Träumende selbst von der Obdachlosigkeit betroffen ist oder ob dieser in seinem Traum nur einem Obdachlosen begegnet. Die Traumdeutung geht heute davon aus, dass sich hinter dem Symbol des Obdachlosen im Traum meist positive Botschaften verbergen. So weist die Hilfe, die der Träumende einem Obdachlosen zukommen lässt, auf ein gutherziges und großzügiges Wesen hin. Allerdings kann der Traum rund um den Obdachlosen auch eine Warnung sein, beispielsweise vor einem Unglück oder auch vor persönlichen Schwierigkeiten. Und die Warnung, dass das eigene Leben derzeit gefährdet ist, aus den gewohnten Bahnen zu laufen, sollte gerade bei einem regelmäßigen Traum besser ernstgenommen werden.

- Rauchen:

Das Thema Rauchen ist gerade in der Welt der Träume sehr vielfältig und sehr breit gefächert. So kann der Traum mit diesem Symbol ganz einfach dann auftreten, wenn sich der Träumende gerade in einem Entzug befindet. Wer also gerade mit dem Rauchen aufgehört hat, sollte diesem Symbol des Rauchens so gut wie keine Beachtung zukommen lassen. Wer jedoch abseits des Entzuges vom Rauchen träumt, kann beispielsweise einen Hinweis auf zwischenmenschliche Beziehungen erhalten. Dies gilt vor allem dann, wenn der Träumende Zigaretten oder Tabak an andere Personen anbietet. Auch weitere Bilder, beispielsweise der rauchende Säufer, können mit diesem ganz speziellen Symbol des Rauchens in Verbindung gebracht werden.

- Schnee:

Der Schnee ist auf den ersten Blick vor allem mit positiven Emotionen verbunden. Eine weiße, unberührte Landschaft oder starker Schneefall können auch im Traum als klassisches, verbreitetes Symbol auftreten. Die Traumdeutung zieht zwischen dem Träumen von Schnee heute überwiegend eine Linie zu den eigenen Gefühlen und Emotionen. Romantische Gefühle oder auch ganz einfaches Glück können den Traum des Schnees hervorrufen und für diesen verantwortlich sein. Für eine genaue Deutung spielen die genauen Rahmenbedingungen rund um das Symbol Schnee allerdings eine sehr wichtige Rolle. Denn: Wer vom Schnee in einer positiven Umgebung träumt, kann sich meist auch auf eine positive Gefühlswelt im realen Leben verlassen. Sport im Schnee, ausgelassenes Toben oder ein romantischer Spaziergang weisen auf Glück hin. Alternativ ist aber auch eine negative Betrachtungsweise denkbar. Kälte oder eine Gefühllosigkeit sind eine Deutung, wenn der Schnee im Traum erst fällt.

- Streit:

Streit gehört leider immer wieder zum Alltag mit dazu und selbst aus dem Traum ist der Streit kaum wegzudenken. Denn der Streit gehört zu den besonders bekannten und häufig geträumten Symbolen. Umfangreiche Deutungen beschäftigen sich mit diesem Symbol, um eine effiziente Verarbeitung zu ermöglichen. Der Streit kann dabei im Grunde auch einfach auf das eigene Leben übertragen werden. Wer regelmäßig vom Streit träumt, wird auch im Alltag den einen oder anderen Konflikt auszutragen haben. Auch eine Deutung in Richtung unfaires Verhalten oder gesundheitliche Probleme ist möglich. Dies gilt vor allem, wenn sich der Träumende wegen einer Kleinigkeit in einen Streit begibt. Bei Frauen beschreiben Traumdeuter das Symbol des Streits häufig als Hinweis für Probleme oder Spannungen in der eigenen Beziehung. Generell sollte der Traum mit dem Streit allerdings als Hinweis oder Möglichkeit angesehen werden, um die eigenen Konflikte zu lösen und sich mit diesen im Alltag möglichst intensiv und konstruktiv zu beschäftigen.

- Schwimmen:

Schwimmen hält nicht nur fit, sondern macht auch Spaß und viele Menschen fühlen sich im Wasser besonders wohl. In einem solchen Fall ist auch der Traum mit dem Schwimmen als Symbol mit positiven Gefühlen verbunden. Aber auch das genaue Gegenteil ist der Fall, bei Nicht-Schwimmern oder bei negativen Assoziationen mit dieser Tätigkeit kann das Schwimmen auch zu einem ausgiebigen Albtraum werden. Die Deutung rund um das Schwimmen ist relativ eindeutig. Wer angenehm, in einem sauberen Gewässer schwimmt, der ist meist mit sich selbst im Reinen und kann sich darauf verlassen, dass derzeit keine Probleme oder belastenden Emotionen vorliegen. Bei einem unruhigen Gewässer und einem als weniger angenehm empfundenen Schwimmen ist hingegen das genaue Gegenteil der Fall. Hier kann der Träumende im Rahmen der Traumdeutung davon ausgehen, dass emotionale Probleme oder Komplikationen vorliegen. Auch kleine Details, beispielsweise eine Badekappe während des Schwimmens als Unterstützung durch andere Personen, können für die Traumdeutung von Bedeutung sein.

- Urlaub:

Nicht ohne Grund wird der Urlaub häufig als schönste Zeit des Jahres beschrieben. Auch im Traum ist dieses Symbol in der Regel mit positiven Empfindungen versehen. Bevor allerdings eine effiziente Traumdeutung erbracht werden kann, spielt die genaue Betrachtung der einzelnen Details eine sehr wichtige Rolle. Wo war der Urlaub? Welche Personen waren mit dabei? Um welche Art von Urlaub handelte es sich? Wie viel Gepäck war mit dabei? All diese und viele weitere Details machen eine Deutung in unterschiedliche Richtungen möglich. Der Traum vom Urlaub steht aber in der Regel ganz allgemein betrachtet für den Wunsch nach Entspannung und einer passenden Auszeit vom Stress im Alltag. Neben den positiven Empfindungen kann der Traum vom Urlaub im weitesten Sinne allerdings auch als eine Art Warnung betrachtet werden, die eigene Erholung nicht zu sehr zu vernachlässigen und sich auch regelmäßig eine Pause zu gönnen.

- Wald:

Die Traumdeutungen rund um das Symbol Wald könnten unterschiedlicher kaum sein. Auf der einen Seite ist der Wald ein Ort der Ruhe, der Entspannung und eignet sich hervorragend, um im Stress des Alltages neue Kraft zu tanken. Gleichzeitig kann der Wald in der Nacht durch die Dunkelheit, durch Schatten und Tiere aber auch absolut bedrohlich erscheinen. In einem solchen Fall bzw. bei einem solchen Traum ist Vorsicht geboten, denn hinterlistige Menschen könnten für den Träumenden gefährlich werden. Und bei dem besonders häufigen Traum, dass sich der Träumer im Wald verirrt und aus dem Dickicht nicht mehr herausfindet, handelt es sich um einen Hinweis auf die fehlende Kompetenz bzw. die eigene Unsicherheit, den richtigen Weg im normalen Leben zu beschreiten. Unglück und Probleme resultieren in den Augen der Traumdeutung aus einem kahlen Wald, während ein grüner Wald hingegen für Glück, Erfüllung und Erfolg steht. Auch hier spielen die Details des Traumes also definitiv eine sehr wichtige Rolle.

- Weltuntergang:

Der Weltuntergang oder auch die Apokalypse treten im Traum deutlich häufiger auf, als dies von vielen Menschen angenommen wird. Hierbei handelt es sich wohl in den seltensten Fällen um einen schönen Traum: Das Traumbild tritt häufig im Albtraum auf. Vielmehr ist der Weltuntergang in der Welt der Träume mit bedrückenden, intensiven und weniger schönen Emotionen verbunden. Die Traumdeutung schreibt das Symbol der seelischen Verfassung des Träumers zu. Hier kommt das Bild des Weltuntergangs als Einsturz des Bekannten zum Tragen. Ein seelisches, häufig besonders einschneidendes Erlebnis kann die Ursache für einen solchen Traum darstellen. Weitere Ursachen für das Träumen rund um den Weltuntergang können beispielsweise dann auftreten, wenn der Träumer sein bisheriges Leben als falschen Weg erkennt. Der Traum kann eine gute Möglichkeit für den Träumer sein, über sein bisheriges Leben zu sinnieren oder auch Hilfe bei der Bewältigung der seelischen Probleme zu suchen.

- Umarmung:

Eine Umarmung symbolisiert einen engen, persönlichen Kontakt zu einem meist geschätzten oder wichtigen Menschen im Leben. Allerdings ist auch eine negative Betrachtungsweise möglich. Dies gilt beispielsweise dann, wenn die Umarmung unerwünscht von einem völlig Fremden ausgeht. Im Allgemeinen kann das Symbol der Umarmung im Rahmen der Traumdeutung als Wunsch nach Nähe oder Kontakt zu einer vertrauen Person betrachtet werden. Wer im Traum zudem eine im realen Leben wenig nahestehende Person umarmt, dann sollte das emotionale Verhältnis genauer betrachtet werden. Möglicherweise stehen hier mehr Gefühle im Mittelpunkt als eigentlich gedacht. Auch der Traum des Kuschelns mit einem wilden Tier ist nicht selten und hat in der Traumdeutung eine ganz besondere Funktion. Hier sagt dieser Traum aus, dass der Träumer nicht jedem blind vertrauen sollte. Gemäß dem Motto „Vertrauen ist gut, Kontrolle ist besser“ sollten hier die Beziehungen zu Bekannten und Fremden lieber genau betrachtet werden, bevor jemandem das Vertrauen entgegengebracht wird.

- Teufel:

Ob in Märchen, in Sagen oder in Filmen, der Teufel ist ein gängiges Symbol in vielen Bereichen. Der Teufel tritt auch im Traum immer wieder auf und ist somit ein häufig geträumtes Symbol. Hier kann der Teufel unter anderem als Warnung oder Hinweis vor Menschen gedeutet werden, die dem Träumer schaden möchten. Sorgen und Verzweiflung drohen dem Träumer immer dann im Alltag, wenn im Traum ein Pakt mit dem Teufel angeboten wird. Und bei einer Verfolgung durch den Teufel im Traum geht die Traumdeutung davon aus, dass es im realen Leben eine Gefahr durch falsche Freunde gibt. Ganz generell gilt der Teufel in der Symbolik des Träumens als eine Warnung für den Träumer. Ein falsches Verhalten ohne die entsprechende Vorsicht im Alltag oder auch eine unüberlegte Leidenschaft stehen hier häufig zur Debatte, wenn der Teufel im Traum des Menschen auftaucht. Um den Traum des Teufels effizient zu nutzen, sollten die Warnungen beachtet und die Probleme gelöst werden.

- Nebel:

Tritt im Traum der Nebel auf, so kann dieses Symbol vor allem für eine Verunsicherung stehen. Der undurchdringbare Nebel, die fehlende Sicht und natürlich auch der Kontrollverlust durch die Orientierungslosigkeit lassen sich vom Symbol des Traumes auf das reale Leben übertragen. Gleichzeitig kann der Nebel im Traum aber auch für die eigene Falschheit stehen. Eine Maske oder eine Mauer verschleiern das wahre Bild der Person. Wer im Traum durch einen besonders dichten Nebel fährt, sollte vor großem Ärger lieber auf der Hut sein. Und natürlich gibt es auch viele positive Deutungen rund um den Nebel in der Welt der Träume. Lichtet sich der Nebel beispielsweise und der Sonnenschein kommt hier durch, kann mit dem baldigen Ende einer großen, deutlichen Enttäuschung gerechnet werden. Und nicht zuletzt kann der Nebel im Traum auch eine anstehende Veränderung des Bewusstseins andeuten oder beschreiben, sodass hier eine umfangreiche Traumdeutung möglich ist.

Spirituelle und heilsame Träume

In der Regel sehen die meisten Menschen den Traum in der Nacht als einfaches Erlebnis an, an welches man sich schon kurz nach dem Aufwachen nur noch sehr schwer erinnern kann. Die moderne Traumforschung und auch die bereits beschrieben Traumdeutung zeigen aber ganz klar, dass sich hinter dem Träumen in der Nacht durchaus noch deutlich mehr verbergen kann. Unterschiedliche Arten von Träumen, verschiedene Botschaften und unterschiedliche Ursachen bilden heute die Basis für eine ganzheitliche Betrachtung auf die Welt der Träume.

Gerade auch im Rahmen der Traumdeutung sehen viele Menschen den erlebten Traum als spirituelle Quelle an. Neue Erkenntnisse, umfangreiche Erfahrungen und Hinweise auf das Erreichen von Zielen oder Wünschen lassen sich aus spiritueller Sicht im Traum erkennen. Um den spirituellen Nutzen der eigenen Träume für den Alltag und das eigene Leben zu erkennen, spielt natürlich die Betrachtung der eigenen und erlebten Träume eine sehr wichtige Rolle. Mit einer genauen Betrachtung und auch der Bereitschaft, den eigenen Traum intensiv zu erleben und zu deuten, kann der Traum im spirituellen Leben eine sehr wichtige Rolle einnehmen. Rund um das Thema spirituelle Träume gibt es heute viele Bücher und Beiträge, beispielsweise das Werk „Träume und ihre spirituelle Bedeutung" von Sri Chimnoy.

Eine zentrale, eher wissenschaftliche Rolle nimmt das Traum-Ich in erster Linie ein. Ganz einfach gesagt, handelt es sich bei dem Traum-Ich um die Verkörperung des Träumenden in der Welt der Träume. Wie derjenige hier agiert, reagiert und handelt, zeichnet das persönliche Traum-Ich aus. Forscher haben mittlerweile herausgefunden, dass sich das Traum-Ich im Laufe der Lebensjahre umfangreich entwickelt. So träumen beispielsweise Kinder ganz anders als Jugendliche oder als Erwachsene. Die Traumforscherin Strauch beschäftigte sich mit diesem Thema und stellte fest, dass sich erst im Alter von etwa zehn Jahren das eigentliche Traum-Ich bei den Kindern entwickelt. Zuvor geschieht das Träumen eher passiv: Die Kinder greifen in das Geschehen des Traumes nicht mit ein. Im Laufe der Pubertät ändert sich dies allerdings deutlich. Hier beginnt dann langsam die Veränderung, denn der Träumer wird vom passiven zum aktiven Teilnehmer. Vom Nehmenden und Opfer zum Gebenden und Täter, so lässt sich die Entwicklung des Traum-Ichs in der Pubertät sehr gut beschreiben. Und gleichzeitig stellten die Forscher fest, dass sich gerade die Kinder in der Pubertät besonders gut an die eigenen Träume erinnern können.

Rund um das Traum-Ich gibt es von Person zu Person deutliche Unterschiede, jeder entwickelt sein eigenes Traum-Ich und agiert im Land der Träume unterschiedlich. So lassen sich generell beispielsweise aktive und passive Traum-Ichs unterscheiden, die auch einen direkten Rückschluss auf das eigene Leben zulassen. Menschen mit einem aktiven Traum-Ich agieren auch im realen Leben aktiv und offensiv, während sich Menschen mit einem passiven Traum-Ich eher zurückhaltend verhalten. Viele weitere Details rund um das Traum-Ich verraten, wie die Person auch im wirklichen Leben unterwegs ist. Wer im Traum immer wieder alleine unterwegs ist und sich von anderen distanziert, dürfte ähnliche Parallelen in seinem eigenen und echten Leben haben. Unter- oder Überlegenheitsgefühle, zurückgezogene Menschen oder auch der seelische Zustand lassen sich am Traum-Ich ziemlich deutlich erkennen. Und mit der genauen Betrachtung lassen sich Tipps für eine positive Weiterentwicklung formulieren, da das Verhalten des Traum-Ichs unter Umständen auch als eine Art Warnung gelten kann. Ein einfaches Beispiel: Wenn sich das Traum-Ich während des Träumens direkt in einer großen Menschenansammlung befindet, kann dies darauf hinweisen, dass sich die Person wieder mehr auf das eigene Leben und das soziale Umfeld konzentrieren sollte, um den persönlichen Kontakt aufrechtzuerhalten.

Neben dem spirituellen Bereich können Träume aber auch heilsame und mystische Kräfte vorweisen. Gerade in der Psychotherapie, aber auch im ganz normalen Leben dienen die Träume dazu, die seelische Gesundheit aufrechtzuerhalten, Warnungen auszusprechen und im optimalen Fall eben die genannten heilsamen Kräfte zu entwickeln. Dies geschieht unterbewusst bereits durch die bloße Beschäftigung des Träumenden mit belastenden Situationen. Häufig ist zu beobachten, dass durch einen emotionalen, vielleicht sogar regelmäßigen Traum schlimme Situationen entschärft werden können. Der Träumende beschäftigt sich regelmäßig im

Traum mit den wichtigen Emotionen, wodurch diese an Intensität verlieren und letzten Endes besser verarbeitet werden können. Allerdings kann es auch zu Störungen in der Verarbeitung der Emotionen kommen. Dies lässt sich gerade bei starken Traumata beobachten. Treffen die starken Emotionen hier beispielsweise auf einen gestörten REM-Schlaf, kann es zu Problemen bei der Verarbeitung und Bewältigung kommen. Bekanntermaßen findet gerade in den REM-Schlafphasen das Träumen besonders intensiv statt, sodass hier auch die hauptsächliche Auseinandersetzung mit den Emotionen zu finden ist. Kann das Träumen nicht ungestört stattfinden, verlieren auch die heilsamen Träume ihre Möglichkeiten. In diesem Fall kann eine Psychotherapie helfen, die Erlebnisse aufzuarbeiten und somit letzten Endes auch wieder ungestört träumen zu können.

Auch mystische Träume nehmen im Alltag vieler Menschen eine sehr wichtige Rolle ein. Der Begriff „Mystik“ stammt aus dem Altgriechischen und bedeutet so viel wie „geheimnisvoll“. Und genau dies verbirgt sich auch hinter dem Mystischen. Das Geheimnisvolle, was wir nicht kennen oder beweisen können, der Glaube an eine göttliche oder absolute Wirklichkeit, all dies und noch viel mehr stehen hinter dem Mystischen. Heute beschreibt man mit dem Begriff der Mystik spirituelle Erlebnisse sowie Aussagen. Diese lassen sich aus wissenschaftlicher Sicht nicht objektivieren. Mystische Träume beschäftigen sich häufig mit religiösen Symbolen und Erfahrungen, beispielsweise Engeln oder auch der direkten Botschaft von Gott.

Heilsame Träume

Heilsame Träume können natürlich auf unterschiedliche Arten und Weisen auftreten. Im Folgenden finden Sie passende Beispiele für einen solchen Traum:

Spinnen treten im Traum besonders häufig auf, dies gilt auch für den folgenden Traum. Hier krabbeln über den Körper des Träumenden viele Spinnen. Diese Tiere krabbeln allerdings nicht nur einfach über den Körper, sondern hinterlassen mit den Beinen viele kleine Löcher im Trommelfell. Dieser heilsame Traum findet in einer zerstörten Stadt auf, nach dem Erlebnis mit der Spinne wird diese Stadt direkt wieder aufgebaut, sodass eine schöne und neue Stadt entstehen kann. Dieser heilsame Traum vermittelt dem Träumer, dass Vertrauen gut ist und es sich lohnt, auch einmal durchzuhalten. Die Belohnung winkt nach den Erlebnissen.

Der nächste heilsame Traum hat auch das Fliegen als Traumsymbol mit dabei. Der Träumende ist hier mit einer Fernbedienung in roter Farbe ausgerüstet und kann diese ganz einfach verwenden, um fliegende Menschen im Angriff zu stoppen. Währenddessen kriechen aus dem linken Bein des Träumenden Würmer und aus dem rechten Bein schlüpft ein Pelikan. Bei dieser Erzählung rund um heilsame Träume steht die Gesundheit des Träumenden im absoluten Mittelpunkt. Denn anschließend geht der Träumende gelassener durch das Leben und hat nicht ständig Angst vor Krankheiten. Auch die allgemeine Gesundheit nimmt zu, sodass der Träumende nicht mehr so oft krank wird, wie dies noch in den Jahren davor der Fall war.

Der letzte heilsame Traum aus dieser kurzen Übersicht beschäftigt sich mit dem Thema „Akupunktur". Bei diesem werden dem Träumenden viele Nadelstiche in die unterschiedlichen Stellen des Körpers zugefügt, gleichzeitig werden Gliedmaßen abgetrennt. Anschließend erbricht der Träumende giftiges, grünes Zeug in einer großen Menge. Und am Schluss des Traums spielt ein Schulranzen eine Rolle, der dem Träumenden überreicht wird, damit dieser nun in die erste Klasse gehen kann. Dieser Traum beinhaltete zum ersten Mal das Erbrechen als Symbol. Der Träumende fühlte sich nach diesem Traum besonders wohl und gesund. Hierbei handelte es sich zudem nicht um einen kurzen, sondern um einen lang anhaltenden und somit auch besonders umfangreichen Effekt.

Spirituelle Träume

Auch rund um die spirituellen Träume finden sich viele Beispiele, welche entsprechende Botschaften enthalten und für das genauere Verständnis dieses speziellen Bereiches mit Sicherheit sehr interessant sein können. Im Folgenden finden Sie hierzu die passenden Beispiele.

Im ersten Traum spielt eine ganz besondere Sitzposition eine sehr wichtige Rolle. Hierbei handelt es sich um den Buddha-Sitz, auch als Lotussitz bekannt. In dieser Position sitzend schwebt der Träumende durch die Wohnung der Großeltern. Durch eine zunehmende, deutlich spürbare Entspannung kann die Höhe gehalten werden und mit einer zunehmenden Entspannung wird der Träumende immer leichter. Das Schweben hält in dem spirituellen Traum ca. fünf Minuten an, bis die gesamte Wohnung durchquert ist. Im Mittelpunkt steht hierbei die (zunächst unbequem scheinende) Sitzposition des Träumenden. Sowohl die Bedeutung wie auch die Möglichkeiten für die optimale Entspannung kann dieser Traum sehr gut näherbringen und beschreiben.

Ein einfaches Beispiel für einen spirituellen Traum beschäftigt sich hingegen mit aufblühenden Blumen. Hierbei hält der Träumende seine Hand nur auf verwelkte Blumen. Doch hierdurch wird dann die entsprechende Energie direkt an diese Blumen übertragen. Anschließend können die Blumen wieder aufblühen und strahlen in den entsprechenden Farben besonders schön. Nach dem Aufwachen beschreibt der Träumende in der rechten Hand eine Anspannung und eine Wärme.

Der letzte Traum dieser kleinen Übersicht über spirituelle Träume beginnt mit einem Mann am Bett, der unter starken Kopfschmerzen leidet. Hierbei ist ebenfalls eine Aura zu sehen, die direkt um den Kopf des Mannes schimmert. Und genau diese Farbe der Aura lässt sich auch an der Hand des Träumenden erkennen. Der Träumende legt dann seine Hand in einer kreisenden Bewegung auf den schmerzenden Kopf des Mannes, woraufhin die Kopfschmerzen verschwinden. Selbstverständlich ist der Mann in Anbetracht dieser spontanen und schnellen Heilung sehr begeistert und erfragt, wie dieser Trick funktioniert. Dieses Nachfragen bringt allerdings sehr viel Unruhe in den Traum. Das anschließende Aufwachen erfolgt besonders angespannt. Das Besondere: Die Auren tauchen zwar in den anschließenden Träumen häufig auf, lassen sich aber auch im transzendenten Traum nicht mit dem eigenen Willen kontrollieren. Beim Versuch, die Kontrolle zu erhalten, verschwinden die Auren direkt aus dem Traum.

Mystische Träume

Und nicht zuletzt sollen selbstverständlich auch die mystischen Träume in wenigen Beispielen vorgestellt werden. Die folgenden Träume lassen sich in den Bereich der mystischen Träume einsortieren.

Die Hände des Vertrauens sind das Symbol im ersten mystischen Traum. Der Traum beginnt mit einem Flug in einem Tunnel, anschließend erfolgt die Landung im Bett. Plötzlich kitzelt es, als jemand dem Träumenden von hinten in die Seite greift. Doch durch die Entspannung werden die Geisterhände in die Hände des Träumenden gelegt und durch ein festes Zufassen machen diese Mut. Das Aufwachen ist anschließend vollkommen entspannt und auch das Gefühl, selbst in den eigenen Träumen nicht allein zu sein, überträgt sich auf das eigene Leben. Mehr Halt und mehr Vertrauen lassen sich anschließend im wirklichen Leben feststellen.

Im zweiten Traum und Beispiel für einen mystischen Traum geht es um einen Lichtstrahl. Dieser hat seinen Ursprung direkt im Himmel und sorgt dafür, dass alle materiellen Gegenstände verbrannt werden. Diese Gegenstände befinden sich im Traum unter einer Kuppel aus Glas. Anschließend wird sogar die Glaskuppel zerstört. Der Lichtstrahl, der in diesem Traum auftaucht, spielt auch in religiösen Schriften eine wichtige Rolle und wird beispielsweise als „die Strahlung der Zornigen und Friedlichen" oder auch als „Lichtstrahl der Transformation" beschrieben.

Das Feuer als Traumsymbol ist alles andere als selten und somit immer wieder in unterschiedlichen Ausführungen zu beobachten. Dies gilt dann auch für den letzten Traum, der in diese Auflistung rund um die mystischen Träume gehört. Hierbei handelt es sich um ein Lagerfeuer. Der Traum an sich beginnt jedoch damit, dass dem Träumenden in den Hals gegriffen wird. Zusätzlich werden sowohl der Kiefer als auch die Schädeldecke entfernt. Für das anschließende Aufwärmen kommt dann das bereits genannte Feuer ins Spiel. Genau dieses Feuer wird der Träumende wie ein kleines Baby gelegt. Das Kohlenfeuer findet sich in spirituellen Texten wieder. Hier wird das Feuer unter anderem als Feuer der Erleuchtung beschrieben. Aber auch die Wärme des Geistes und das Gefühl der Sicherheit werden dem Feuer zugeschrieben.

Luzides Träumen für Einsteiger

Der Begriff „luzides Träumen“ beschreibt eine ganz besondere Art des Träumens. Die Übersetzung lautet „Klartraum“ und genau dies ist ein luzider Traum auch. In einem solchen Traum weiß der Träumer ganz sicher, dass er träumt, und weiß das Geschehen in einen entsprechenden Kontext zu bringen. Hierbei ist dann auch eine klare Grenze zwischen dem Wachzustand und dem eigentlichen Träumen nicht mehr zu ziehen. Ein weiteres Merkmal beschreibt das luzide Träumen, nämlich die Handlungsfähigkeit des Träumenden. Dieser kann, je nach Wunsch und Bedarf, in die Handlung des Traums eingreifen, diese also verändern und mitlenken. Wer wiederkehrende Albträume oder auch ein Trauma bekämpfen möchte, wird das luzide Träumen unter anderem im Rahmen einer Psychotherapie antreffen können. Auch die Erinnerung an den luziden Traum ist anders als beim klassischen Traum. Die Erinnerungen sind meist sehr klar und sehr deutlich.

Der luzide Traum bringt viele Vorteile mit sich und ist dementsprechend auch für viele unterschiedliche Bereiche sehr interessant. Ein besonders wichtiger Einsatzbereich ist die bereits genannte Psychotherapie. Der Klartraum kann also dabei helfen, psychische Probleme zu bewältigen, ein Trauma zu bearbeiten oder eine persönliche Entwicklung in die richtige Richtung zu vollziehen. Allerdings gibt es noch viele weitere Vorteile, beispielsweise beschreiben die Menschen, die luzid träumen können, die Träume als besonders angenehm. Das direkte Eingreifen in die Handlung des Traumes kann also durchaus auch Spaß machen. Zudem lassen sich durch den resultierenden erholsamen Schlaf und den direkten Einfluss auf das Traumgeschehen auch die eigene Leistungsfähigkeit und die eigene Kreativität deutlich steigern.

Letzten Endes geht die Wissenschaft heute davon aus, dass jeder Mensch das luzide Träumen erlernen kann. Dies gilt sogar dann für die Menschen, die bisher wenig geträumt haben oder sich eher selten an die eigenen Träume erinnern können. Mut hierfür geben entsprechende Studien und Nachfragen, in welchen eben auch die genannten Personen mit einer passenden

Anleitung das luzide Träumen erlernen konnten. Die Basis für die Annahme, dass jeder Mensch luzid träumen kann, ergibt sich auch durch das allgemeine Wissen rund um das Träumen in der Nacht. Denn bekanntermaßen wiederholen sich die traumintensiven REM-Phasen in der Nacht regelmäßig, sodass jeder Mensch durchschnittlich vier bis sechsmal in nur einer Nacht träumen kann. Und die passende Anleitung macht es dann möglich, dieses Potenzial zu nutzen und das luzide Träumen zu erlernen. Und auch eine britische Studie richtet sich direkt an die Zweifler, welche denken, dass das luzide Träumen nichts für jedermann ist. Denn hier wurde nachgewiesen, dass mehr als die Hälfte aller Erwachsenen in den eigenen Träumen einen Klartraum hatten. Und noch besser trifft es etwa ein Viertel aller Menschen, welche mindestens einmal im Monat einen Klartraum haben. Somit ist die Fähigkeit für das luzide oder klare Träumen bei den Menschen immer mit vorhanden. Es kommt also nur darauf an, dieses Potenzial nach Möglichkeit zu nutzen und somit die klaren Träume in der Nacht zu erleben.

Das Erlernen des klaren Träumens erfordert aber nicht nur die entsprechende Anleitung, sondern auch eine gewisse Hingabe. Um dann anschließend das Erlernen des Klartraums zu ermöglichen, gibt es verschiedene Strategien und Techniken. Hierbei handelt es sich beispielsweise um die sogenannte WILD-Methode (Wake Initiated Lucid Dream). Diese gilt zwar auf der einen Seite als sehr erfolgversprechend, ist aber auch sehr schwierig und kann deshalb bei Ungeübten für schlaflose Stunden oder gar Nächte sorgen. Das Prinzip ist hingegen relativ einfach, denn der Klartraum soll bei dieser Methode noch aus der Einschlafphase initiiert werden. Der Träumende ist hierbei noch wach bzw. befindet sich im Wachzustand, gleitet aber langsam in die Welt der Träume. Wichtig hierfür ist es, dass man beim Einschlafen zumindest mit dem Bewusstsein wach bleiben muss. Zudem gilt es bei der WILD-Methode für luzides Träumen, ausschließlich an den gewünschten Traum zu denken. Gleichzeitiges Entspannen und dennoch an nichts anderes zu denken als an den eigenen Traum, natürlich ist diese Übung für Ungeübte alles andere als einfach. Eine weitere Klartraumtechnik ist das trauminduzierte luzide Träumen (DILD = Dream Initiated Lucid Dream). Hier wird nicht im Vorfeld des Schlafes der Traum erkannt, sondern erst im eigentlichen Traum an sich. Dies gelingt durch Reality Checks, die im Folgenden noch ausführlicher beschrieben werden sollen. Mit den passenden Techniken und Maßnahmen verspricht die DILD-Methode ein effizientes, baldiges luzides Träumen. Und gerade für Einsteiger empfehlen Experten die Waking Back To Bed Technik (WBTB-Technik). Diese verspricht nicht nur einen sehr großen Erfolg, sondern lässt sich gleichzeitig auch besonders einfach ausführen. Hierbei wird das Traumbewusstsein gestärkt, der Traumfokus fällt mit dieser Technik besonders deutlich aus. Um diese WBTB-Technik anzuwenden, wird der Wecker vor dem ersten Einschlafen so gestellt, dass dieser den Träumer nach etwa vier bis fünf Stunden weckt. Anschließend folgt eine ca. halbstündige Episode, in welcher viele Reality Checks durchgeführt werden. Auch kleinere Aktivitäten, beispielsweise Laufen in der Wohnung, lesen oder essen, können hier durchgeführt werden. Der Gedanke „Ich werde jetzt gleich merken, dass ich träume“ sollte während dieser Episode stark fixiert werden. Anschließend begibt sich der Träumende wieder ins Bett und schläft normal weiter. In vielen Fällen reicht diese einfache Maßnahme schon aus, um dann im weiteren Verlauf den Traum als einen solchen zu erkennen. Dies bringt den Träumer dem luziden Träumen direkt noch ein Stück näher.

Für einen luziden Traum spielen aber auch die Rahmenbedingungen wieder einmal eine wichtige Rolle. Ein angenehmer, tiefer Schlaf mit den entsprechenden Schlafphasen legt also hierbei erst den Grundstein dafür, dass der Träumende einen Klartraum erleben kann. Und auch ein gutes Traumgedächtnis hilft dabei, das luzide Träumen zu erleben. Viele Menschen vergessen die eigenen Träume direkt nach dem Aufwachen, hier kann es zu Problemen mit dem Klartraum kommen. Und ein weiterer Faktor ist ein kritisches Bewusstsein während des eigentlichen Traumes. Nur so kann eingeschätzt werden, ob der Traum wirklich ein Traum ist. Zwar sind diese Eigenschaften in der Regel nicht direkt vorhanden, allerdings lassen sich diese relativ einfach erlernen und trainieren.

Hierbei kann unter anderem das ebenfalls bereits beschriebene Traumtagebuch helfen. Denn dieses dient dafür, das eigene Bewusstsein für die erlebten Träume zu optimieren und das Erinnerungsvermögen zu stärken. Wer das luzide Träumen also für sich selbst erlernen möchte, sollte sich das Führen eines Traumtagebuches genau überlegen. Diese einfache Maßnahme kann einen schnellen Erfolg bringen. Ein einfacher Block oder ein Heft neben dem Bett, das regelmäßige Erinnern an die eigenen Träume und ein wenig Ruhe nach dem Aufwachen werden schnell den gewünschten Erfolg bringen. Dies gilt sogar dann, wenn der Träumende bisher der Meinung war, eher gar nicht oder zumindest sehr selten zu träumen. Hierbei sollte immer versucht werden, alle Details rund um den aktuellen Traum möglichst genau aufzuschreiben. Der Fokus auf die eigenen Träume wird durch diese Maßnahme besonders stark fokussiert.

Tipp: Vor dem Einschlafen kann es helfen, wenn sich der Träumende fest vornimmt, den eigenen Traum auch nach dem Aufwachen noch im Gedächtnis zu behalten. Mit wenigen Minuten Ruhe VOR dem Einschlafen wird der Fokus noch einmal deutlich geschärft. Dieser einfache Schritt erleichtert das Führen des Traumtagebuches und bringt den Träumer dem luziden Träumen noch einmal ein sehr großes und sehr deutliches Stück näher.

Wer sein Traumbewusstsein möglichst schnell und möglichst effizient trainieren möchte, findet hierzu ebenfalls die genau passenden Tipps und Tricks. Dieses Bewusstsein sorgt erst für das klare Träumen, in welchem sich der Träumende der Situation bewusst ist. Denn normalerweise erscheint der Traum als reale Umgebung: Nur selten ist bekannt, dass es sich also um einen Traum handelt. Das Problem hierbei ist nämlich der präfrontale Cortex. Dieser Bereich des Gehirns ist für die Logik zuständig und im Schlaf leider nicht aktiv. Dementsprechend werden auch absurde, skurrile Träume als absolut real angesehen. Mit einem einfachen Trick kann der präfrontale Cortex aber dennoch auch im Traum genutzt werden, um die Situationen realistisch einzuschätzen und den Traum zu erkennen. Die Maßnahme zur Schärfung des Traumbewusstseins ist der sogenannte Reality Check. Die Reality Checks werden ganz einfach im wachen Zustand durchgeführt, benötigen keine umfangreiche Erfahrung, höchstens ein wenig Ausdauer. Das Prinzip hinter diesen Reality Checks ist ebenso einfach wie genial. Denn im Traum verarbeiten wir das Alltagsgeschehen, häufig ausgeführte Tätigkeiten treten auch im Traum immer wieder auf. Wer also diese Reality

Checks im normalen Alltag immer wieder durchführt und hierbei am Ball bleibt, kann damit rechnen, dass diese bald auch im Traum auftreten. Und im Rahmen des Checks im Traum erwacht dann der präfrontale Cortex, der für die Einschätzung notwendig ist. Anschließend ist also ein „Erwachen" im Traum möglich und der Träumende kann feststellen, dass es sich bei der derzeitigen Situation um einen Traum handelt.

Doch damit die Reality Checks im Traum effizient funktionieren und auch wirklich das gewünschte Ergebnis bringen können, kommt es auf das passende und gründliche Training an. Vor allem der sogenannte Lesetest ist sowohl in der Realität wie auch im Traum eine sehr gute Wahl, um zwischen Traum und Nicht-Traum zu unterscheiden. Sich verändernde Schriften und Inhalte sind ein klarer Indikator für einen Traum und ermöglichen dem Träumer die realistische Einschätzung, um einen luziden Traum zu erreichen. Gleiches gilt für einen wiederholenden Blick auf die Uhr, denn im Traum verändert sich die Zeit besonders schnell. Ein weiterer praktischer Test: der Atemtest im Alltag und im Traum. Das Prinzip ist ebenfalls einfach: Beim Zuhalten der Nase wird versucht, bei gleichzeitig geschlossenem Mund durch die Nase zu atmen. Natürlich wird dies im Alltag nicht funktionieren, im Traum aber schon. Diese einfachen Tests ermöglichen im Schlaf eine relativ genaue Einschätzung, ob es sich gerade um einen Traum handelt oder eher nicht.

Diese kleinen Reality Checks sollten zu Beginn mindestens fünf bis zehnmal am Tag durchgeführt werden. Ausreichend Zeit und Ruhe sowie die Überlegung, was der Träumer bei einem durch den Test bestätigten Traum passieren sollte, schärfen das Traumbewusstsein und unterstützen das Auslösen luzider Träume.

Im Vergleich zu den Klartraumtechniken, wie beispielsweise der beschriebenen WILD-Technik, lassen sich die Maßnahmen für die Traumerinnerung und das Traumbewusstsein relativ schnell und relativ einfach anwenden. Studien und Experimente haben gezeigt, dass bereits kurze Zeit nach Beginn des Trainings die ersten luziden Träume ausgelöst und somit deutlich Verbesserungen erreicht werden können. Gerade im weiteren Verlauf eignen sich aber auch die Klartraumtechniken sehr gut dazu, die Chancen auf einen erfolgreichen luziden Traum deutlich zu steigern und somit noch mehr in diese spannende Welt abzutauchen.

Zusammenfassendes zur Traumdeutung

Die Traumdeutung ist ein spannendes Feld. Gerade auch durch moderne Erkenntnisse in der Traumforschung und das zunehmende Bewusstsein für die Bedeutung der Träume auf die menschliche Psyche nehmen die Akzeptanz und auch die allgemeine Verbreitung in der Gesellschaft immer weiter zu.

Ob die geschichtliche Entwicklung von weit vor Christus bis heute oder auch die zahlreichen Symbole, für die es umfassende und seit Jahren bestehende Deutungen gibt, dieses Thema der Traumforschung ist es mit Sicherheit absolut wert, dass man sich mit diesem direkt beschäftigt. Und selbst für Laien ist es mit Leichtigkeit möglich, spezielle Techniken für das klare und besondere Träumen zu erreichen. Somit lässt sich allgemein festhalten, dass das Thema Träumen und auch die Traumforschung für jeden Menschen von großer Relevanz sein können.

Um die Traumdeutung zu verstehen und zu praktizieren, braucht es gerade in der heutigen Zeit dank der modernen Technik nicht mehr viel. Viele Symbole lassen sich nicht nur über die entsprechende Literatur nachschlagen, sondern stehen bei Bedarf auch über das Internet in umfangreichen Sammlungen zur freien Verfügung. Und mit der praktischen Aufnahme-Funktion der modernen Technik ist auch das Führen eines Traumtagebuchs in der heutigen Zeit so einfach wie wohl noch nie zuvor. Dementsprechend empfehlen wir, sich ruhig einmal mit dieser Materie zu beschäftigen und einfach mal in die Welt der spannenden Traumdeutung abzutauchen.

Schlusswort

Wir möchten uns hier an dieser Stelle ganz herzlich für Ihre Aufmerksamkeit und den gemeinsamen Exkurs in die Welt der Träume und der Traumdeutung bedanken. Nutzen Sie die praktischen Tipps für ein effizientes, gesundes Schlafen und Träumen und profitieren Sie von den Möglichkeiten, die auch die moderne Traum- sowie Schlafforschung auch für Sie bereithalten kann. Wir hoffen, dass wir Ihnen rund um das spannende Thema „luzides Träumen“ effiziente Techniken und Tipps vorstellen konnten, die Sie in Ihren Alltag integrieren können. Wir wünschen Ihnen nun allzeit gute Träume und eine aufregende Reise in die faszinierende Welt des Schlafens und Träumens.

Traumtagebuch

TRAUMTITEL

....

Ort: ....

Wie fandest Du den Traum: ☆☆☆☆☆

Wiederkehrender traum? :‖ ☐ Ja ☐Nein

Personen im Traum:

....

....

....

....

....

....

Welche Orte kamen vor:

....

....

....

....

....

....

....

Datum: In welcher Zeit war der Traum:

....

Welche Emotionen hat der Traum in Dir geweckt:

....

....

....

Inhalt des Traumes:

....

....

....

....

....

....

Traumsymbole:

....

....

Traumdeutung:

....

....

....

....

....

TRAUMTITEL

....

Ort: ....

Wie fandest Du den Traum: ☆☆☆☆☆

Wiederkehrender traum? :‖ ☐ Ja ☐Nein

Personen im Traum:

....

....

....

....

....

....

Welche Orte kamen vor:

....

....

....

....

....

....

....

Datum: In welcher Zeit war der Traum:

....

Welche Emotionen hat der Traum in Dir geweckt:

....

....

....

Inhalt des Traumes:

....

....

....

....

....

....

Traumsymbole:

....

....

Traumdeutung:

....

....

....

....

....

TRAUMTITEL

....

Ort: ....

Wie fandest Du den Traum: ☆ ☆ ☆ ☆ ☆

Wiederkehrender traum? ☐ Ja ☐ Nein

Personen im Traum:

....

....

....

....

....

....

Welche Orte kamen vor:

....

....

....

....

....

....

....

Datum: In welcher Zeit war der Traum:

....

Welche Emotionen hat der Traum in Dir geweckt:

....

....

....

Inhalt des Traumes:

....

....

....

....

....

....

Traumsymbole:

....

....

Traumdeutung:

....

....

....

....

....

TRAUMTITEL

....

Ort: ....

Wie fandest Du den Traum: ☆☆☆☆☆

Wiederkehrender traum? :║ ☐ Ja ☐ Nein

Personen im Traum:

....
....
....
....
....
....

Welche Orte kamen vor:

....
....
....
....
....
....
....

Datum: In welcher Zeit war der Traum:

....

Welche Emotionen hat der Traum in Dir geweckt:

....

....

....

Inhalt des Traumes:

....

....

....

....

....

....

Traumsymbole:

....

....

Traumdeutung:

....

....

....

....

....

TRAUMTITEL

....

Ort: ....

Wie fandest Du den Traum: ☆☆☆☆☆

Wiederkehrender traum? :‖ ☐ Ja ☐ Nein

Personen im Traum:

....

....

....

....

....

....

Welche Orte kamen vor:

....

....

....

....

....

....

....

Datum: In welcher Zeit war der Traum:

....

Welche Emotionen hat der Traum in Dir geweckt:

....
....
....

Inhalt des Traumes:

....
....
....
....
....
....

Traumsymbole:

....
....

Traumdeutung:

....
....
....
....
....

TRAUMTITEL

....

Ort: ....

Wie fandest Du den Traum: ☆☆☆☆☆

Wiederkehrender traum? : ☐ Ja ☐ Nein

Personen im Traum:

....
....
....
....
....
....

Welche Orte kamen vor:

....
....
....
....
....
....
....

Datum: In welcher Zeit war der Traum:

....

Welche Emotionen hat der Traum in Dir geweckt:

....

....

....

Inhalt des Traumes:

....

....

....

....

....

....

Traumsymbole:

....

....

Traumdeutung:

....

....

....

....

....

TRAUMTITEL

....

Ort: ....

Wie fandest Du den Traum: ☆☆☆☆☆

Wiederkehrender traum? :‖ □ Ja □Nein

Personen im Traum:

....

....

....

....

....

....

Welche Orte kamen vor:

....

....

....

....

....

....

....

Datum: In welcher Zeit war der Traum:

....

Welche Emotionen hat der Traum in Dir geweckt:

....

....

....

Inhalt des Traumes:

....

....

....

....

....

....

Traumsymbole:

....

....

Traumdeutung:

....

....

....

....

....

TRAUMTITEL

....

Ort: ....

Wie fandest Du den Traum: ☆☆☆☆☆

Wiederkehrender traum? :║ ☐Ja ☐Nein

Personen im Traum:

....

....

....

....

....

....

Welche Orte kamen vor:

....

....

....

....

....

....

....

Datum: In welcher Zeit war der Traum:

....

Welche Emotionen hat der Traum in Dir geweckt:

....

....

....

Inhalt des Traumes:

....

....

....

....

....

....

Traumsymbole:

....

....

Traumdeutung:

....

....

....

....

....

TRAUMTITEL

....

Ort: ....

Wie fandest Du den Traum: ☆☆☆☆☆

Wiederkehrender traum? :‖ □ Ja □Nein

Personen im Traum:

....
....
....
....
....
....

Welche Orte kamen vor:

....
....
....
....
....
....
....

Datum: In welcher Zeit war der Traum:

....

Welche Emotionen hat der Traum in Dir geweckt:

....

....

....

Inhalt des Traumes:

....

....

....

....

....

....

Traumsymbole:

....

....

Traumdeutung:

....

....

....

....

....

Printed in Poland
by Amazon Fulfillment
Poland Sp. z o.o., Wrocław